武汉大学出版社

WUHAN UNIVERSITY PRESS

# 黄州东坡遗址考

◉ 董志伟　邬扬路　著

图书在版编目(CIP)数据

黄州东坡遗址考／董志伟,邬扬路著 . -- 武汉 ：武汉大学出版社,
2024.12. -- ISBN 978-7-307-24780-2

Ⅰ. K872.633

中国国家版本馆 CIP 数据核字第 20249QY892 号

责任编辑:聂勇军　　　责任校对:汪欣怡　　　版式设计:韩闻锦

出版发行:**武汉大学出版社**　　(430072　武昌　珞珈山)
（电子邮箱：cbs22@ whu.edu.cn　网址：www.wdp.com.cn）

印刷:武汉中科兴业印务有限公司

开本:720×1000　　1/16　　印张:16.5　　字数:236 千字　　插页:4

版次:2024 年 12 月第 1 版　　2024 年 12 月第 1 次印刷

ISBN 978-7-307-24780-2　　　定价:68.00 元

　　董志伟，湖北省黄冈市黄州人。1995年毕业于武汉大学历史系文博考古专业。长期从事文物考古、历史文化研究工作。曾发表论文《巴东宋家榜遗址发掘简报》《黄州螺蛳山遗址文化特征浅析》《黄州邾城研究三题》《黄州中环路汉墓考古发掘纪实》《藉东坡遗爱，著风流黄州——深度开发黄州东坡文化资源研究》等，合著《黄州邾城史话》，参与编撰《黄州城历史文化调查》《黄州文化简史》等专著。执笔"城市之根——邾城历史文化展""故垒长风——黄冈古城展"等展陈大纲，设计黄州邾城、宋城模型沙盘。黄冈市政协文史专员，黄州区东坡文化旅游发展顾问。

　　研究领域：历史文化、文物考古、陈列布展等。

　　邬扬路，出生于湖北黄州，祖籍浙江奉化。现为湖北省书法家协会会员、湖北书画研究会篆刻委员会理事、黄冈市书法家协会副秘书长。

　　2010年2月，参与黄州苏东坡纪念馆陈展工作，并为苏东坡纪念馆编写解说词。2010年5月，参与黄州东坡赤壁复建东坡祠的工作。2010年7月，黄州东坡赤壁的历代书画赤壁赋碑廊和历代书画赤壁怀古碑廊工程启动，作为艺术监理组成员对碑文镌刻实施艺术监督。2014年参与遗爱湖公园梅兰竹荷四馆陈展工作。2018年参与遗爱湖建设馆陈展工作。

# 黄州东坡遗址分布图

# 黄州东坡遗址分类导图

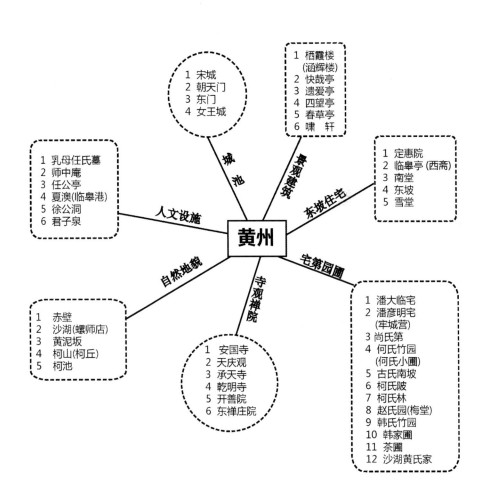

城池
1 宋城
2 朝天门
3 东门
4 女王城

景观建筑
1 栖霞楼 (涵辉楼)
2 快哉亭
3 遗爱亭
4 四望亭
5 春草亭
6 啸 轩

东坡住宅
1 定惠院
2 临皋亭 (西斋)
3 南堂
4 东坡
5 雪堂

人文设施
1 乳母任氏墓
2 师中庵
3 任公亭
4 夏澳(临皋港)
5 徐公洞
6 君子泉

黄州

宅第园圃
1 潘大临宅
2 潘彦明宅 (牢城营)
3 尚氏第
4 何氏竹园 (何氏小圃)
5 古氏南坡
6 柯氏陂
7 柯氏林
8 赵氏园(梅堂)
9 韩氏竹园
10 韩家圃
11 茶圃
12 沙湖黄氏家

自然地貌
1 赤壁
2 沙湖(螺师店)
3 黄泥坂
4 柯山(柯丘)
5 柯池

寺观禅院
1 安国寺
2 天庆观
3 承天寺
4 乾明寺
5 开善院
6 东禅庄院

# 序　一

王兆鹏

黄州与东坡，相互成就。东坡成就了黄州的声名，黄州成就了东坡的辉煌。

宋代的黄州城，本是一座偏僻落后的小城。在北宋初年王禹偁的眼中，是"雉堞圮毁，榛莽荒秽"；在北宋后期张耒的笔下，"黄之陋特甚，名为州而无城郭，西以江为固，其三隅略有垣壁，间为藩篱，因堆阜揽草蔓而已。城中民居才十二三，余皆积水荒田，民耕渔其中。方盛夏时，草蔓蒙密，绵亘衢路"。黄州虽为州治所在地，可是连城墙都没有，城中民居稀稀落落，到处是荒田野水，一到盛夏，丛生的杂草遮蔽道路，走路都困难。过了七八十年，南宋中叶的陆游入蜀经过黄州时，所见情景并无改观。他在《入蜀记》中感叹，黄州"最僻陋少事"，府衙简陋不堪，行政中心的大"厅""仅可容数客"。府衙是一个地方的门面，衙门尚如此简陋窄小，城区街市的贫寒落后就可想而知了。

正因为黄州偏僻简陋，所以宋朝常将贬谪的大臣流放此地。苏轼有诗云："索漠齐安郡，从来著放臣。"张耒也说："齐安荒僻郡，平昔处放臣。"南宋大儒朱熹也有同样的说法："齐安在江淮间最为穷僻，而国朝以来，名卿贤大夫多辱居之，如王翰林、韩忠献公、苏文忠公，邦人至今乐称。"黄州成为谪官的安置地，让那些贬谪官员有了身份认同和贬谪记忆，提醒他们时刻记住自己的贬官身份，反省思过。

这些受处分、遭贬谪的名卿巨公，给黄州带来了不小的名声。陆游《入蜀记》就说，黄州"自牧之、王元之出守，又东坡先生、张文潜谪居，遂为名邦"。虽然晚唐杜牧、北宋王禹偁两位名流出任过黄州太守，杜牧写过名作《赤壁》："折戟沉沙铁未销，自将磨洗认前朝。东风不与周郎便，铜雀春深锁二乔"；王禹偁有《黄州新建小竹楼记》等名篇，并特地在《出守黄州上史馆相公》诗里亮明黄州太守的身份："又为太守黄州去，依旧郎官白发生"，让世人知道了偏远小州黄州的名字，但真正唱响黄州的却是苏东坡。

东坡唱响黄州的名篇，首推《念奴娇·赤壁怀古》词和前后《赤壁赋》。《念奴娇·赤壁怀古》词问世后，就被赞许为杰作绝唱。宋人唱词，常唱赤壁怀古词；宋人写词，也会自觉不自觉地追和《念奴娇》赤壁词韵，如叶梦得《念奴娇·次东坡赤壁怀古》等。宋人追和赤壁词韵的有30多首，在宋代唱和词中首屈一指。有趣的是，宋人不仅唱赤壁词，还唱《赤壁赋》。南宋绍兴年间，黄州知州曾惇每有宴集，就让歌伎唱《赤壁赋》，一时成为时尚。有时公府宴集，以唱《赤壁赋》为雅事。曹勋《送曾纮父》所谓"阿苹能唱大苏词，赤壁长哦更一奇"，说的就是歌伎小苹不仅会唱东坡赤壁词，更能唱长篇《赤壁赋》，令人称奇。

东坡赤壁词，让东坡的名字与黄州的地标赤壁紧密相连。北宋后期就有"东坡赤壁"之称，黄庭坚《东坡先生真赞》说："方其金马石渠，不自知其东坡赤壁也；及其东坡赤壁，不自意其紫微玉堂也。"黄庭坚又说："九州四海，知有东坡。"九州四海，都知道东坡的大名，黄州赤壁也跟着名扬四海九州了。

黄州也成就了东坡。到了黄州，苏轼才有东坡的别号，并广为人知；到了黄州，才子名士的苏轼，变成了智者哲人东坡；到了黄州，苏轼的文学创作全面进入巅峰，"其文一变，如川之方至"（苏辙《亡兄子瞻端明墓志铭》），形成了与"韩（愈）潮"并称的"苏海"；词作更有《念奴娇·赤壁怀古》《卜算子·缺月挂疏桐》《定风波·三月七日沙湖道中遇雨》等一系列经典名篇；到了黄州，他写出了天下第三行书《黄州寒食帖》以及《赤壁赋》等书法精品。东坡不到黄州，中国文学史上将会缺少很多杰作，中国书法史上也会少却许多精品。到了黄州，"杰出"的苏轼才成为"伟大"的东坡。

成就东坡的，是黄州的山水人文；安顿东坡灵魂的，是黄州的寺观宅院；让东坡放松身心的，是黄州的城池楼台；让东坡耕种生息的，是黄州的土地田野。然则，900多年的风雨，早已洗尽东坡当年活动地点的尘埃，让人无法辨识、无从寻找。

幸好黄州当地有两位崇拜东坡、热爱东坡的学者，他们利用本地优势，经过多年不懈的考证、探访、勘查，一一弄清了东坡当年居住过、踏访过、流连过、耕种过、书写过的地点遗址，让我们可以沿着东坡的足迹，回到历史的现场，去怀想东坡的艰难岁月，体验东坡的起居环境，走进东坡的生活世界。

我读《黄州东坡遗址考》，深感有三大特点：

一曰全面。举凡苏轼诗文作品中书写过的地点遗址，全部囊括。全书分城池、景观建筑、东坡住宅、宅第园圃、寺观禅院、自然地貌、人文设施等七大板块。如东坡曾经居住过的定惠院、临皋亭、南堂、东坡、雪堂等地，东坡曾经登临过的栖霞楼、快哉亭、遗爱亭、四望亭、春草亭、啸轩等景观，东坡曾经游览过的赤壁、沙湖、黄泥坂、柯山、柯池等自然山水，无不详考其来历变迁、故址方位。我们按图索骥，就可以一一寻找到这些有历史兴味、有情感记忆的地点，追随东坡的脚步，追忆东坡的神韵。

二曰精审。每一处遗址，既广搜文献记载，又博采东坡作品，有历史考据，有现场勘查，有考古发掘，有古今舆图，相互印证，相互生发。所考所定遗址方位，皆言而有据，信而有征，令人信服。图文并茂，又有可读性。

三曰立体。不只有地，更有时、有人。有时间维度的来历变迁考述，有空间维度的定位考实，有人物活动的细节钩沉。著者不仅带领我们去寻访黄州东坡的每处遗址今在何处，更带领我们穿越历史，回到宋朝，走进黄州，走进东坡的生活场景，还原东坡的生活世界。

两位作者，分别是黄州区文化和旅游局的董志伟先生、黄冈教育局的邹扬路先生。做行政管理工作之余，要搜罗这么丰富翔实的史料，要勘查那么多古迹遗址，要耗去多少时间心力！其精神让人感佩，其成果让人首肯！

我与两位作者素昧平生，但都是东坡的"铁粉"，有共同的偶像，心有灵犀。我的家乡鄂州跟黄州隔江相望，20世纪，鄂州在行政上曾属黄冈地区管辖，后来又曾合并为一个城市。鄂州市原名鄂城，跟黄州合并后，从鄂城、黄州两个地名中各取一字，名为"鄂州"。所以，我跟两位黄州作者有同乡之谊。何况我从小就多次到过黄州，熟悉黄州，也了解黄州。前几年，我曾带着门下在读博士、硕士研究生十几人专程到黄州进行东坡遗址的实地勘查，用无人机拍摄照片，用GPS记录路线行程。本书考察的东坡遗址，我多半走访过、考察过，读来倍感亲切。

四川苏学文化传播有限公司总经理尧军先生也是"坡粉"，多年来常走东坡路，不遗余力地考察东坡遗迹故址。因为热爱东坡，他与董、邹二位结缘，也与我相知。他发来《黄州东坡遗址考》，嘱我为序。我虽然忙得不亦乐乎，但为了表达对东坡的热爱、对两位作者的敬意，在延宕半年之后，细读完原稿，并为之序。

二零二四年小雪于成都双流

# 序  二

早稻田大学教育与综合科学学术院教授　内山精也

不知不觉，这已经是近 15 年前的往事了。2010 年 10 月，我受邀参加在黄州举办的"东坡文化国际论坛"，实现了我第三次访问黄州的愿望。在这次论坛上，作为一个海外东坡迷，我提出了两点由衷的希望：其一，希望在黄州举办男女老少都能参加的追忆苏东坡赤壁游的农历"七月既望"或"十月望"活动。其二，尽量正确认定在当时（十五年前）还未推定出的"东坡"位置，并立地标石，使来自中国内外的东坡迷们在访问黄州时，能够站在"东坡"遗迹前，追忆苏东坡的当年景况。

第二个希望缘自我之前两次访问黄州时的真实感受。

1989 年 10 月我第一次访问黄州，那时我 28 岁，还在复旦大学留学。我先从上海飞到成都，经由眉山三苏祠、苏坟山的苏家坟墓、乐山大佛、峨眉山等地，又乘列车去重庆，坐游览船下三峡，到宜昌下了船。参观了三游洞后，我赶往荆州、武汉，这样经历了大约三个星期的旅程后，我最后访问了黄州。记得从汉阳出发，大约坐了四五个小时的长途车，就到了黄州。在黄州，我在赤壁旁边的招待所住了 3 天。其间参观了东坡赤壁、安国寺，并坐轮渡到对岸的鄂州游玩，在西山，参观了九曲亭、菩萨泉、黄山谷的松风阁。因为这是初访黄州，我站在长江江边尽情眺望滚滚长江，又从东坡赤壁远望武昌西山，心里想着昔日苏东坡大概也会如此观望。当我走在赤壁栖霞楼背面的山路上，意外看到了快哉亭，这让我无比感动。顺着山道再往下，我又找到了雪堂，这使我兴奋得忍不住雀跃起来。不过等回到上海后冷静下来，我突然觉得有些奇怪，原本应该在"东坡"一隅的雪堂，怎么会出现在与东坡赤壁相连的山谷里？本来"东坡"和雪堂的位置应该在黄州城东边，而我看到的雪堂，从市里望去，却处于北边的方向，怎么看也不在东边，而其处于山谷的情形也与我之前的想象完全不同。

此后大约过了 15 年，我又得到了第二次访问黄州的机会。2004 年 11 月，在从就职的大学获得了一年的休假后，我有幸与妻儿一起再度来到复旦大学从事研究，此时我 43 岁。为了解决 15 年来一直留在心里的那个模糊不清的疑问，我一个人带着摄像机再次来到了黄州。这次我的课题是"东坡安在哉——寻找东坡"。到了黄州，我看到 15 年的岁月已经让街道发生了很大的变化，有了"赤壁大道""黄州大道"等宽敞街道，黄州境内的长江下游处也架起了大桥，黄州鄂州之间有公交车往来了。在 1989 年的记忆里，安国寺与轮渡之间，除了一些工厂、仓库之外，没有普通民宅，眼前伸展着一片荒地。而这次却看见宽广马路的两旁，已经林立着高层住宅楼。第二次访问黄州，我投宿城边湖畔的菱湖宾馆，住了整整一个星期。

不巧这次却遇到寒潮到来，前半部分时间连日冷雨下个不停，我每天在宾馆披着被子忍受着寒冷。到了第四天总算放晴了，于是手里拿着地图和摄像机，在旧市区一处不漏地寻找"东坡"。只要找到一处比周围高出一些的地方，我就将其标记在地图上，然后再继续调查其周围情况。当我知道有一个叫"定花院"的地名后，就去那里观察，正好在其东侧，沿青砖路有一个略微高起的丘陵地。此处与周围相比高出 5 米到 10 米，且南北狭长地延伸了近一百米。我请当地人用方言读"定惠院"，感觉用当地的方言读起来，听着非常接近普通话的"定花院"，这时我确信"定花院"才是往昔的"定惠院"。我心里暗认：现在有密集住宅区的东边那块小丘陵，才是东坡当年曾经找到的象征故乡海棠花的小山。

尽管如此，关于最重要的"东坡"所在地，我虽然找到了几处候补地，但还是不能做出准确判断。即便找到了高地，但民房和林立的高楼，使人难以进入其中调查，多日之后，仍然未能找到可以自信地说此处便是"东坡"的地方。通过第二次寻找，我痛感到：这不是一个外地游客能在仅有的滞留时间内就轻松找到答案的简单事情。

又过了六年，我再次来到黄州，在那次论坛上，我在发言时提出了以上愿望，主要是向住在黄州的苏东坡研究家们提出的。由于之前亲身体验过，我深深了解其中的困难，所以我首先提出了推定出"东坡"所必需的三个最低限度的过程：首先，需要确定现在已成为旧市区的明清黄州城和苏东坡谪居时代的宋代黄州城的异同。其次，在此基础上，需要仔细慎重地考证苏东坡以及同时代的文献里记载的地理情报。最后，需要仔细分析历代黄州、黄冈地方志等历史资料，并将这些资料进行相互对照。同时我也感觉到即便能够认真完成以上三项工作，但是当事人还必须具备熟悉当地地理和地形，且能够多次进行实地调查的条件，否则很难达到最终认定"东坡"的结果。

参加"论坛"之后又经历了 14 年岁月的流逝，其间得知：青砖湖周边的考古学性质的发掘工作已经开始了，专家们利用过往留下的史料开始了实地调查等消息。同时记录全中国范围追踪苏东坡相关遗迹的著作也已经发行了数部。在我管见范围内有王文正《不合时宜东坡人文地图》(杭州出版社，2015 年)、李常生《苏轼行踪考》(城乡风貌工作室，2019 年 8 月)和衣若芬《陪你去看苏东坡》(有鹿文化事业公司，2020 年 4 月)三本著作问世。

王氏工作地点在杭州，故乡在密州，但他毅然骑车跑完了从杭州至密州全程。但是由于这本著作是苏东坡评传，很遗憾有关实地调查的叙述不多，同时书中也没有言及黄州遗迹。衣氏的著作则依据作者在大约 30 年的时间里，多次从新加坡等地出发，记载到中国相关遗迹巡游的体验，其间不时倾注着作者的情感，是一本让人有身临其境之感的情感作品。虽然书中没有实地调查的内容，但有关黄州的内容却超出了 30 页，是衣氏心灵之旅的记录。李氏的著作分五册，这是一本超过 1700 页的确了不起的力作。凡是苏轼访问过的地方，几乎无一例外地进行了实地调查，寻遍历代相关文献，且照片和地图都相当丰富，内容逼近真正的旧迹。李氏也和衣氏一样，是出生于中国台湾的学者，其访问大陆的次数和停留的时间可能也不亚于衣氏。我看到朋友寄来的 PDF 版，首先由衷佩服李氏远超我的热情和执着。李氏也访问过黄州，且做过有关东坡遗迹的考证，但是对 2010 年以前黄州的研究家们之间产生的争论，即：以明清城为基础（主张宋城和明清城重叠）将城内"十三坡"作为"东坡"的旧说，与重新设想宋城并将青砖湖以北作为"东坡"的新说，李氏没有做出判断对错的说明，而是并录了两种观点。诚然，如果不能亲身到当地去体验，并随时可以站在其地的话，想要确定真正的"东坡"是极其困难的。

在这种情形下，我终于收到了董志伟、邬扬路两位所撰的《黄州东坡遗址考》的 PDF 稿子。急忙读了一遍后，我首先感到非常惊喜。这部大著对我曾在"论坛"上提过的两个希望之一，且是两者中最大最重要的希望，做出了非常精彩的揭示。同时我曾提出的三个过程，在书中也都有了很合适的交代。我想在此表达我的衷心祝福，因为这部大著使黄州在苏东坡文学研究上，诞生了一个继东坡赤壁后的又一个有关苏东坡的遗址，这一遗址的重要性远超东坡赤壁。

实际上，在这 14 年间，我访问过一次黄州，时间为 2016 年 3 月中旬。此前的三次访问，时间都是在黄州的晚秋到初冬之间，所以仅有白色荞麦花开着。第四次访问因为在春天，黄州到处开着油菜花、桃花。在东坡赤壁公园，我欣赏到盛开的海棠花。第四次前往黄州的主要目的是和黄冈师范学院的师生们交流，因此没有充裕时间参观黄州市内的街道，但这次获得了慢慢参观黄州东郊的东坡文化主题公园，即遗爱湖公园的机会。当我认真参观雕刻着寒食帖的石刻以及苏东坡纪念馆后，仰望着耸立的巨大苏东坡塑像时，深深感觉到黄州日新月异的变化，而在这个巨变中苏东坡仍然扮演着极其重要的角色。

　　我不知何时才能实现第五次访问黄州的愿望，我满心期待着那一天的
到来。我相信那时候在确认出的"东坡"处一定会立着地标。我也期待有机
会能站在依据这部大著新确认的其他如承天寺、临皋亭、南堂、黄泥坂、
天庆观等故址上。因由这部大著，时隔千年，黄州有关苏东坡的遗址得以
认定，所以我想再次表达我由衷的喜悦。我也想向把看似简单，实际上却
极其艰难的重要工作，努力做到了最高水平的董志伟、邬扬路两位先生表
示最深的谢意！

2024 年 9 月 30 日

（序由庆应义塾大学法学部讲师益西拉姆翻译）

# 自　序

"大江东去，浪淘尽，千古风流人物""山高月小，水落石出""归去，也无风雨也无晴"……从传诵千古的诗词中走来，苏东坡早已成为一个文化IP，是中华优秀传统文化的精神高地，其游踪地更成为重要的旅游打卡地。自央视纪录片《定风波》、专题片《宗师列传——唐宋八大家》播出后，一批网络大咖大幅圈粉，一批与苏东坡相关的著作纷纷刊行，掀起了新一波东坡热，国人喜爱东坡可谓经久不衰。

黄州，作为苏轼的第一个谪居地、"苏东坡"诞生地、文学艺术创作的巅峰地，一直是苏学研究的重镇。1982年，中国苏轼研究学会在此召开第二届研讨会，推动黄州苏学研究兴起。1983年，全国第一个地方诗社——东坡赤壁诗社成立。2006年8月，中国最大的东坡文化主题公园——黄冈遗爱湖公园动工。公园集文化传承、生态保护、休闲娱乐等功能于一体，历经12年建成。遗爱清风、临皋春晓、一蓑烟雨等12个景区，如明珠成链，极大地提升了城市的文化品位和市民的幸福感。2009年，黄冈市东坡文化研究会成立。2010年，黄冈与惠州、海南共同发起成立东坡文化联盟，并轮流承办东坡文化节。2011年，湖北省文物考古研究所对黄州宋城遗址考古发掘后，确定了宋城位置，揭开东坡遗址遗迹考证的新篇章，在此次考古成果基础上，宋城遗址、定惠院遗址被正式公布为文物保护单位，定惠院、临皋亭、承天寺等地立起了标志石。2021年11月，黄冈第三次承办东坡文化节，并启动东坡文化旅游区建设，以打造"诗境黄州"为主题，策划了大江东去、赤壁神州、千古风流、雨任烟蓑等6个项目，皆以东坡诗词造境。与此同时，黄冈整合东坡赤壁、遗爱湖、安国寺三大核心景区，一体规划、统一调度。至2024年，已成功举办3届东坡文化节、8届"寿苏会"、2届"东坡庙会"。2024年6月，国家文化和旅游部资源开发司正式发布了奋厉成长之旅、报国为民之旅、逆境超然之旅三条东坡文化主题旅游线路，让人们更加系统地探寻东坡足迹，品读他的诗篇，感悟他的情怀，体味壮美山河蕴含的诗情画意。

从黄州到惠州，再到儋州（今海南），一路向南，几次被贬，苏轼遭遇人生的低谷，却达到艺术创作的高峰。从黄州开始，涅槃重生的苏东坡变得更加成熟和旷达，形成了独特的人生观，更加乐观洒脱、随遇而安。

对苏东坡遗址的考证，犹如一次穿越时空的探索之旅。从定惠院到临皋亭，从东坡雪堂到风雨沙湖，从赤壁水月到承天竹柏，千年之后，我们有幸走过苏东坡曾经走过的黄泥坂，吹过苏东坡曾经吹过的快哉风；从最初的"拣尽寒枝不肯栖，寂寞沙洲冷""也拟哭途穷，死灰吹不起"的困顿落寞，到"早上起来打两碗，饱得自家君莫管""谁道人生无再少，门前流水尚能西"的乐观开解，再到"事如春梦了无痕""一蓑烟雨任平生"的旷达超然，每一处遗址都仿佛是历史的见证者，诉说着他的人生起伏、文学创作与思想情怀。

通过尝试对苏东坡诗文、历史文献的梳理，结合现有考古材料、文物信息的分析，进而对东坡遗址遗迹的文化内涵、具体地点进行讨论与初步考证，我们得以更真切地触摸到那个时代的脉搏，理解苏东坡的心境与追求。这不仅有助于我们深入解读他的作品，更能让我们汲取他的智慧与力量，为当代社会的文化建设与精神传承提供宝贵的借鉴。

愿这本书能成为引领读者走进苏东坡世界的一扇门，让我们一同追寻他的足迹，感受他的魅力，在历史的沉淀中领悟人生的真谛。相信在未来，随着研究的不断深入与技术的不断进步，对苏东坡遗址的考证将更加全面、准确，为我们展现出一个更加立体、鲜活的苏东坡形象，让他的精神在岁月的长河中永远流传！

**作者**

2024年9月

# 目　录

# 第一章　北宋黄州城

关于黄州东坡遗址遗迹，外地学者只就文献分析，概说基本方位和大致风貌；本地学者经多年研究，在史料收集方面做了大量工作，但对于具体地点各有说法，难成定论。随着全社会对东坡文化喜爱热度的不断升温，人们对黄州东坡遗址提出许多疑问，迫切想知道980多年前，苏东坡谪居、名作迭出的那座长江边上的北宋黄州城到底在哪里。

## 第一节　黄州辖地与治所的时代变迁

### 一、宋代以前的黄州历史沿革

据《舆地广记》记载："黄州，春秋战国属楚，秦属南郡，二汉属江夏郡，晋初属弋阳郡，后属西阳国，宋因之，齐分置齐安郡，北齐兼置衡州，后周因之。隋开皇初废郡，改衡州曰黄州，大业初州废，置永安郡。唐武德三年复为黄州，天宝元年复曰齐安郡。皇朝因之。今县三，望黄冈县，上黄陂县，中麻城县。"[1]而《大元混一方舆胜览》则曰："黄州，荆州域。春秋时为黄国之地，楚灭邻，徙其君于此，名邻城。汉为西陵县及邻县地。晋西阳国。南齐为齐安郡。隋改黄州，炀帝改永安郡。唐复为黄州。"[2]可见黄州之名，经历了永安、齐安的反复。其中，齐安作为黄州的

---

[1]　欧阳忞：《舆地广记》卷21，《黄州》。
[2]　刘应李：《大元混一方舆胜览》卷中，《河南江北等处行中书省·黄州路》。

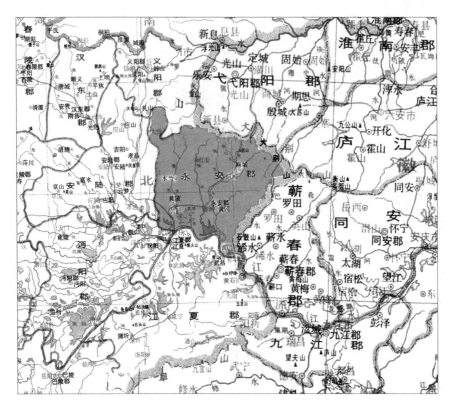

图 1-1　隋永安郡(黄州)辖地

古称，一直出现在其后文人的诗词里。到了宋代，黄州作为地名最终稳定了下来。

黄州州治，最初并不在今天的黄州城(今黄冈市区)。黄州之名，始于北周大象元年(579)。据《周书·静帝纪》载，北周大象元年十一月，北周伐陈，杞国公宇文亮攻克南司州州治黄城镇(今武汉市黄陂区东北)，又得南定、北光、衡、巴四州地，江北尽归北周所有。北周夺下黄城镇之后，始将南司州更名为黄州，置总管府，领安昌郡(今武汉市黄陂区北)，郡领黄陂县。州治仍为黄城镇，第一任刺史为宇文弼①。

――――――――――

　　① 《隋书·宇文弼传》载："后，司马消难之奔陈也，(宇文)弼追之不及，遇陈将樊毅，战于漳口……三战三捷，虏获三千人，除黄州刺史。"

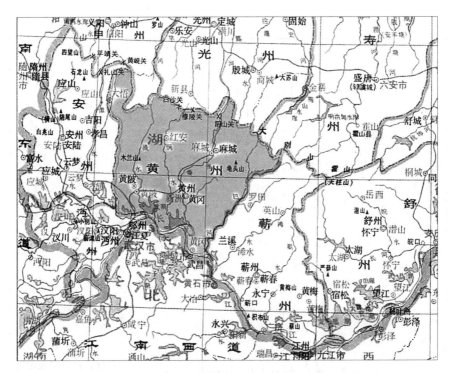

图1-2 唐代黄州辖地及治所

**表1-1 黄州辖地与治所变迁简表**

| 时间 | 事件 | 辖地 | 州治 | 备注 |
|------|------|------|------|------|
| 北周大象元年（579） | 南司州更名为黄州，置总管府 | 领安昌郡（今武汉市黄陂区北），郡领黄陂县 | 黄城镇（今武汉市黄陂区东北） | 始有黄州（府） |
| 隋开皇三年（583） | 罢衡州，置黄州 | 领南安、木兰两县 | | |
| 隋开皇五年（585） | 黄州移驻旧衡州 | | 南安城（今武汉市新洲区邾城街道） | |

续表

| 时间 | 事件 | 辖地 | 州治 | 备注 |
|---|---|---|---|---|
| 隋开皇十八年<br>（599） | 将南安、齐安二县合并改名为黄冈 | 领黄冈、木兰（今武汉市黄陂区北）、麻城、黄陂四县 | | 始有黄冈县 |
| 隋大业三年<br>（607） | 黄州改为永安郡 | | 黄冈县（今武汉市新洲区属地） | |
| 唐武德三年<br>（620） | 永安郡改为黄州，置总管府 | 辖黄冈、堡城（由黄冈分置）、阳城（由麻城分置），木兰入黄冈县 | | |
| 唐天宝元年<br>（724） | 改黄州为齐安郡 | | | |
| 唐乾元元年<br>（758） | 改齐安郡为黄州，属淮南道 | 辖黄冈、黄陂、麻城3县 | | 自此黄州之名未曾改变，州治与黄冈县治同驻一地 |
| 唐中和五年<br>（885） | 迁驻地至长江边 | | 今黄冈市黄州区 | 《舆地纪胜》称"中和初徙治邾城，宋迁州治于江滨" |

　　隋朝开皇三年（583）罢衡州，始以齐安郡（南齐置，辖境包括今湖北省麻城市、武汉市新洲区等地）为黄州。隋开皇五年（585），朝廷将黄州治所从黄城镇迁到南安城（今武汉市新洲区邾城街道）。隋开皇十八年（599），黄州领黄冈、木兰（今武汉市黄陂区北）、麻城、黄陂四县。隋大业三年（607），朝廷改州县制为郡县制，将黄州改为永安郡，治所移驻黄冈（今新洲属地），仍辖黄冈、黄陂、木兰、麻城4县。唐承隋制，在名称变化上，称郡则为永安、齐安，称州则黄州，治所与辖地变化较小。

　　黄州自南北朝、隋朝、唐期早中期，曾先后称名西阳郡、南司州、衡州、巴州、齐安郡、永安郡、黄州等。从隋初至唐中期，黄州治所及其所辖黄冈县均在原黄冈县北部、长江支流举水河下游之滨今称新洲的地方①。

唐会昌二年(842)，外放为黄州刺史的杜牧如此描述当时的黄州城："伏以黄州在大江之侧，云梦泽南，古有夷风，今尽华俗，户不满二万，税钱才三万贯，风俗谨朴，法令明具，久无水旱疾疫，人业不耗，谨奉贡赋。""孤城大泽畔，人疏烟火微。""柳岸风来影渐疏，使君家似野人居。"②

杜牧诗中所描述的黄州在大江之侧，明显已不是举水河畔旧州城(今武汉市新洲区)的风貌，有学者认为此时黄州已迁至今黄州城，并以杜牧《赤壁》绝句为证：

折戟沉沙铁未销，自将磨洗认前朝。
东风不与周郎便，铜雀春深锁二乔。

## 二、黄州州治南迁及筑城

史载，一直到晚唐时的中和五年(885)，黄州州治及黄冈县治来了一次大搬家，从黄冈县北部的旧州城迁到黄冈县东南端的长江之滨③。至此，黄州城继邾城、西阳城之后成为长江中游以北、大别山以南广大地域的政治、经济、文化、军事中心。

北宋真宗咸平元年(998)，黄州知州王禹偁在《月波楼咏怀》诗中清楚指出了黄州宋城从唐末便由举水之滨迁至长江之滨的今黄州地域的相关情况④：

① 唐代三大地理名著《括地志》《通典·州郡门》《元和郡县志》所载黄州治所均在今武汉市新洲区地域。
② 会昌二年(842)，杜牧外放为黄州刺史，至会昌四年(844年)，迁池州刺史。
③ 《太平寰宇记》称黄州"中和五年移于旧邾城南，与武昌对岸"，还在"黄冈县"条下说"中和五年随州移就大江边"。
④ 苏轼词称赤壁在"故垒西边"，还称东坡为"故营地"。苏辙《快哉亭记》则指亭下州城之地为"故城之墟"。"二苏"称黄州之垒、地、城为"故"，必在宋代之前。此可佐证王禹偁的黄州故城由唐末迁来之说。

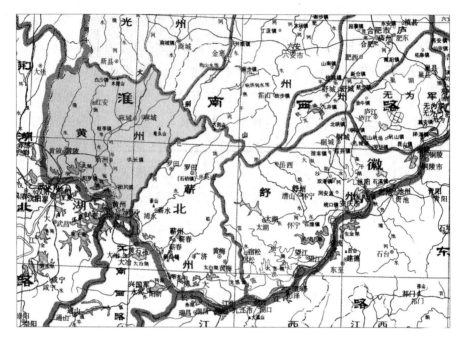

图 1-3　北宋黄州辖地及治所

　　齐安古郡废，移此清江头。筑城随山势，屈曲复环周。……近从
唐末来……此地控咽喉。

　　有本地学者赞同《舆地纪胜》称"（唐末）徙治邾城，宋迁州治于江滨"
的观点，但时间早至唐贞元十七年至会昌二年间（801—842），黄州州治由
南安城迁至邾城（即苏东坡所称女王城，今黄州城北禹王城），驻邾城 50
年后再南迁至今黄州江滨①。

　　北宋时期，有记载的黄州修城事件共有两次：咸平三年（1000）筑城，
治平二年（1065）修过城门②。这两次修城都发生在苏轼贬谪黄州之前。第

---

　　①　陈继平、饶水龙、史智鹏：《黄州城历史文化调查》，湖北人民出版社 2019 年
版，第 10 页。
　　②　光绪十年刻本《黄州府志》。

一次由黄州知州王禹偁发起。《宋史·王禹偁传》记载，咸平三年"濮州有贼夜入城，略知州王守信、监军王昭度家"。黄州知州王禹偁闻而上《请修城垣疏》，建议江淮诸郡修复城隍，得到宋真宗的嘉许与采纳。作为倡议者，王禹偁当年冬即率先筑城，然而次年三月中他便调任蕲州，修城时间仅四个月左右。第二次修城发生在治平二年（1065），黄州知州陈侯修缮了即将坍塌的黄州南门。

南宋时期有记载的修城工程有两次，第一次是在建炎初年（1127—1130），黄州知州赵令峨"奉诏修城，凡六月而毕"①。

第二次发生在端平三年（1236），是黄州历史上最大的一次修复工程。在知州孟珙的主持下，增高城墙，疏通城壕，大量修建民居，一改北宋时期"间为藩篱，因堆阜揽草蔓而已"的落后面貌，从而使黄州防务更加稳固，为后来黄州之战的胜利打下了坚实基础。

从竣工后第二年发生的"黄州保卫战"可知这次黄州城墙修得很牢固。嘉熙元年（1237）十月，蒙古军再度南侵，宗王口温不花、大将张柔集中已俘获的光、蕲、舒三座州城的军马，进攻黄州。时任鄂州诸军都统制的孟珙紧急从鄂州渡江支援黄州，以黄州城墙为依托与蒙军多次开展攻防战，到了第二年（1238）的春天，死伤"十之七八"的蒙古军终于撤退，孟珙又一次扭转了南宋的被动战局。此后黄、蕲和平归元，没有再发生战争。

### 三、明清时期的黄州城以及对宋城的记载

至明代开国的洪武初年，"（黄州府指挥）黄荣移筑今城，近北高阜固地，以易旧城"②，历时17年才初步竣工③。城周长约12里，城高不低于两丈。城外有至少一丈宽、一丈深的护城河即城壕环绕。有城门四座：东名清淮，南名一字，西南清源，西北汉川。除汉川门外，其他三座城门均

---

① 参见《宋史·列传·卷二百零六》。
② 参见弘治《黄州府志》。
③ 《明史·地理志》记载，黄州"府治，南有故城。洪武初迁于今治"。

建有半圆形的瓮城，故方志中有"金汤甲诸郡"之称。

此城明清两代维修过几十次，一直沿用到民国末期。新中国成立初，四座城门尚在，城墙则在20世纪四五十年代拆毁殆尽，仅剩下汉川门及其左侧的约200米、右侧30多米的一小段城墙。由于城依山就岗而筑，今砖砌城墙虽不存，但90%以上的城基尚在，至今仍清晰可见明城的轮廓。

2011年宋城遗址考古调查之前，多数本地学者和社会公众均认为宋代黄州古城即今明清城，即持"宋明合一"观点。然而历代志书却明确记载有"府旧城""郡城旧址""宋元遗筑""宋元府城"，其位置在"今城南二里许"：

《明史·地理志》载："黄州府治南有故城，洪武初迁于今治。"

明弘治《黄州府志》卷之一"古迹"下记载说："府旧城，在今城南，其西临江岸，为水摧倾，其南今平为民居，其北、东城迹犹存。旧城门曰朝宗、向日、龙凤，余无可考。洪武元年，指挥黄荣移筑今城，近北高阜固地，以易旧城。"在"城池"门下记述说："本府城，宋元在今城南二里许，

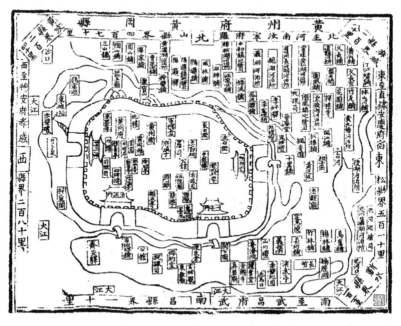

图1-4　明弘治十四年(1501)《黄州府志》黄冈县图

西临大江，东傍湖泊，水涨湮没。本朝甲辰年指挥黄荣于此展筑。"①

　　明末清初人顾祖禹在《读史方舆纪要》卷七十六湖广二黄州府黄冈县"邾城"下记述说："今郡城，明初因旧址改筑，南去故城二里许，西近大江，东滨湖泊，常有涨溢之患。"

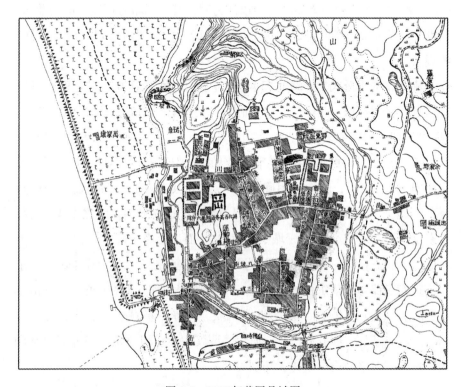

图 1-5　1945 年黄冈县城图

　　清康熙《黄州府志》卷之三"城池"下记载："郡城（黄冈附郭），宋元遗筑在今城南二里许（张耒《明道杂志》云：'名为州而无城郭，西以江为固，其三隅略有垣壁，间为藩篱，因堆阜揽草蔓而已。城中民居才十二三，余

　　① （明）张廷玉：《明史·志第二十·地理五》载：黄州府，元黄州路，属河南江北行省。太祖甲辰年为府，属湖广行省。作者按：元至元二十四年即公元 1364 年，岁在甲辰，朱元璋自称吴王，改黄州路为黄州府。二月，任命部将陶安为黄州知府，并令黄荣率部屯守。洪武元年即 1368 年，为戊申年。

皆积水荒田，民耕渔其中'）。西临大江，东傍湖泊，水涨每啮于波臣（旧志云：旧城门曰朝宗、向日、龙凤，余无可考），今东北城迹犹存。明洪武戊申指挥黄荣拓其基，筑今处。"

此后清乾隆《黄州府志》、光绪《黄冈县志》等地方志书均引用宋张耒（字文潜）语"名为州而无城郭，西以江为固，其三隅略有垣壁，间为藩篱，因堆阜揽草蔓而已"①，认可"宋元时期的黄州城在明清黄州城南二里许"的观点。

清乾隆进士陈诗在《湖北旧闻录》中说："黄州府城，周七里有奇"，"旧城门，曰怀化、朝宗、向日、龙凤。"又援引《大清一统志》的记载说："明洪武初，因旧址改筑门四，东曰清淮，南曰一字，西南曰清源，北曰汉川，高二丈一尺。顺治四年修，雍正二年重葺。"所谓"因旧址"，即沿袭原来的地址。不独如此，陈诗还明确指出了《黄冈县志》的记述错误："《县志》言：'东坡、雪堂旧址，至洪武戊申展筑郡城，遂在城内。'考之本集，与杨元素及兄子安尺牍，并云'于城中得荒地'，而巢元修又言'牢城失火，雪堂亦危'，则《志》言未为的也。"他认为《县志》的说法也不见得十分准确。

近人王葆心深信宋代的黄州城与赤壁紧密相连，他在《黄州赤壁沿革考》中沿袭陈诗的说法："及明洪武筑城，将赤壁横截内外各半，迥非宋旧，然濒赤壁处，亦开有门，曰矶窝，谓其在赤壁矶之窝，门外有矶窝湖也，可知宋时诸胜与州治并无隔别矣。"②

## 第二节　黄州宋城与社会风貌

### 一、自然环境

黄州大部分区域地势平缓，北部龙王山附近地势稍高，总体上为河湖

---

① （宋）张耒：《明道杂志》。
② 以上参见（清）陈诗：《湖北见闻录》。

冲积平原地貌，龙王山及其附近区域为剥蚀残丘岗地地貌单元，平原地貌占比80%以上。

黄州地表可见的出露地层分为两层：上层为第四系松散土层，主要为全新统冲积、湖积及更新统冲积、冲洪积松散层；下层为白垩纪第三系东湖群，其岩性为红色砂岩、红色砂砾岩、粉砂岩，这就是黄州赤壁山"断崖壁立"的红色岩石，实际上在黄州周边山坡丘陵的黄土层之下，都是这种红色砂岩。苏轼在赤壁山江滨所收集的"怪石"即为江湖冲积堆积的卵石层所出①。

耕作离不开土地资源。苏轼在黄州写下的《黄泥坂词》，证明了黄州城的土壤总体以黄土为主，即黄棕壤。经1980年土壤普查鉴定，黄州土壤分黄棕壤、潮土、水稻土三大类②。

黄棕壤约占黄州土壤总面积的50%，其土壤呈棕黄色，土体紧实，养分含量中等，偏酸缺磷，可随耕作熟化得到改良，适宜种植水稻、小麦、棉花。苏轼在黄州开垦东坡、"作陂种稻"，即属于这种黄棕壤土质，经过"故营地"的使用后，有一定程度的"熟化"，再经过苏轼的精耕细作，仍可获得丰收。

潮土约占黄州土壤总面积的13%，由洪水冲击而成，分布在沿江及巴河一带，自然肥力较高，土质疏松，质地较好，有利水稻、麦、蔬菜生长。不足的是带有泥沙相间的卵石、沙砾沉积层。苏轼曾经游历并计划买田的沙湖，即属于这一类土壤。张耒所言"江边市井数十家，城中平田无一步。土冈瘦竹青复黄，引水种稻官街旁"，正是对黄州土壤适宜农作的写照。

水稻土约占黄州土壤总面积的36%（在宋代应远不止这个比例），由粘土、粉砂岩、红砂岩、砾岩等风化形成，并经过了长期耕作"熟化"，其耕

---

① 吴鹏飞、陈金国、陈小婷：《黄冈市城区岩土体工程地质分区及特征初步研究》，《矿业工程》2021年6月版。

② 《黄冈县志》编纂委员会：《黄冈县志》，武汉大学出版社1990年版，第55页。

作层深厚、肥沃，保水保肥，是种植水稻的优良土壤，也是历代农业生产的主要土壤。

总体来说，黄州大部分土壤适宜生长的有松、杉、竹、泡桐、法桐、女贞、槐、刺槐、梧桐、乌桕、李、桃、柿、青茶、桑、油茶和芭茅，在滨江河湖则适宜种植杉、湿地松、杨树、柳树、水竹等，江滩、湖滩多生长芦苇、蒿芭等。湖泊中宜种植红莲、湘莲、藕、芡实、水浮莲、浮萍等水生植物①。

黄州地处湖北东部地区，属亚热带季风气候，四季分明，冬冷夏热，春暖秋爽，雨热同季，时空不均。北宋时期，气候偏暖，长江沿线气温适中，对农业活动的开展特别有利。宋代黄州水资源十分丰富，地表水系发达，西侧、南侧为长江，东傍湖泊，即明代所谓后湖、沙湖、南湖，今青砖湖、遗爱湖、白潭湖、长河、巴河等，年平均降水量为 900~1300 毫米。苏东坡有"黄州僻陋多雨""今年又苦雨，两月秋萧瑟""黄州今年大雪盈尺""雨昼夜不止者十余日，门外水天相接"等句，可见雨雪充沛。

宋初长江沿线湖泊在"重湖巨泽，大者数百里，小者不啻数十里"基础上得到了进一步拓展，沿江分布着诸多大小不等的湖泊，呈现出水网密布的港汊景象。北宋末，我国气候开始由暖转冷，沿江湖泊的湖面大小和水体自身出现渐进式变化。南宋初期，湖泊面积大幅缩小，形成了一些沿江小平原，为该区居民围湖垦田创造了条件，这在长江中下游地区表现得尤为明显②。

## 二、宋城概貌

公元 960 年，宋朝建立。北宋时期黄州城位于长江之滨赤壁山南麓，"东望夏口，前介大江，襟带湘、汉，地连云梦，滨江带山"，处于长江中

---

① 《黄冈县志》编纂委员会：《黄冈县志》，武汉大学出版社 1990 年版，第 55 页。
② 谭静怡：《宋代长江沿线的农业开发与生态环境变迁》，《学习与实践》2023 年第 5 期。

游与下游的衔接地段，长江沿着山势在此形成凹形的走向，其上游自北向南，其下游自西向东，沿长江北岸设有多个渡口。因此从周边山水环境上看，黄州北靠赤壁山，西、南为长江环抱，故古人既将其称之为山城，又称其为江城。

当时，黄州城墙破陋不堪，"雉堞圮毁，榛莽荒秽"，知州王禹偁已作了"渐修城壁"计划，因不久离任而未实现。

北宋黄州城作为滨江州城，南来北往旅客很多。曾任黄州知州的夏竦为解决江水湍急、黄州无港可泊的问题，凿江边水道藏舟，命名为"夏澳"，优良的黄州港口带来了商业贸易的繁荣，沿江上下的客商多聚于此，张耒在《齐安行》中描述当时黄州滨江码头的繁忙景象："客樯朝集暮四散，夷言啁啾来湖湘。"

靖康之乱后，北宋覆亡，宋室南渡，只剩半壁江山。黄州因处于国防前线，被确定为军事州。南宋一朝，黄州城始终处于抗金、抗蒙前线，长期处于战争氛围之中，市容市貌鲜有可观者。陆游于乾道六年（1170）造访黄州州衙时，在《入蜀记》中记述道："州治陋甚，厅事仅可容数客。"州衙况且如此，其他建筑可见一斑。

东坡居黄时期，黄州城只是淮南西路一个下等的州城。经济以农业为主，渔业为辅，主要作物是水稻，手工业及其他产业不发达。城防简单，由于宋太祖时代"诏令江淮诸郡毁城隍、收兵甲、撤武备"，黄州城的城墙仅剩残垣断壁，没有完全围合封闭的城墙，也没有大量的长期驻军①。由于偏僻恶劣的地理位置和极端落后的农业经济条件，唐宋以来，黄州不仅成为巴人、流民逃窜的地方，也成为著名的官宦贬谪之地。

宋代被流放到黄州的谪官有十余人，包括王禹偁、夏竦、苏轼、吴居厚、张耒、陈过庭、丁宝臣、王岐、张从惠和张怀民，而前六位官员在

---

① 周刚：《黄州东坡遗址及北宋东坡时期黄州城风貌考论：在地图上找到黄州宋城及东坡遗址》，《黄冈师范学院学报》2011年第4期。

《宋史》中都专门有传记①，其中最有名的当属王禹偁和苏轼。苏轼因"乌台诗案"谪居黄州时就曾说："索漠齐安郡，从来著放臣。""黄州小郡夹溪谷，茅屋数间依竹苇。""江城地瘴蕃草木，只有名花苦幽独。""苏门四学士"之一的张耒也说："齐安荒僻郡，平昔处放臣。""洪波迴赤壁，苍野带孤城。"刘敞在《临皋亭》诗中说："比屋皆编竹，孤城半践山。"南宋陆游更在《入蜀记》中说"州最僻陋少事"。南宋理学大儒朱熹说："齐安在江淮间最为穷僻，而国朝以来，名卿贤大夫多辱居之。"②

贬到黄州的谪宦们，都在黄州达到了创作的高潮。"王、苏二翰林，一以州驰名，一以坡自命。"③王禹偁成了"王黄州"，作品集亦名为《小畜集》，苏轼在黄州成为了苏东坡，自此"其文一变，如川之方至，而（苏）辙瞠然不能及矣"④。张耒的诗文名为《柯山集》，正是黄州之柯山……诸位文豪，都在黄州找到了他们创作的灵感，最终成就其一代文名。

到南宋时期，因为与金、元作战，黄州成为前线，始建有更完整的砖墙以抵御入侵，并发生了著名的孟珙守黄州的事件。明代所新筑黄州城建在赤壁山南丘陵地带的高处，更重要的作用是作为军事据点和行政中心，减少长江汛期洪水灾害，其地形地貌不符合张耒的记载。

宋代黄州是江州（今江西九江市）与鄂州（今武汉市武昌区）间唯一的滨江州城，也因苏轼曾在此留下传奇式的经历和诗词而成为长江航线上有名的州城。黄州的港口条件十分简陋。宋徽宗曾下诏，为了不使长江行船遭覆溺之害，港口应"两岸有港澳可保。岁久埋塞，其令所在州县检视，悉行开浚"，但到南宋前期黄州尚未很好地修浚港口。与江州、蕲口、芜湖、池州、真州等岸有良好的港口相比，黄州港口显得破败不堪。乾道五年（1169）黄州知州杨宜之到任后着手解决"古澳之未浚""沙岸壁立，客艘上

---

①　熊星宇：《宋代黄州谪官研究》，华中师范大学博士学位论文 2011 年版，第 2 页。

②　（宋）朱熹：《二程夫子祠记碑》，光绪十年《黄州府志·金石》。

③　（宋）楼钥：《黄州贡院记》，《攻媿集·卷 54》。

④　（宋）苏辙：《苏辙集·栾城后集》卷 22。

下，无所于泊"的老问题，"阅廿日而开澳之工毕"，使船只有停藏之所。但次年陆游经过时所见的是黄州"最僻陋少事"，"黄州临大江，了无港澳可泊。或云旧有澳，郡官厌过客，故塞之"。大概就是地方官不胜接待之扰，对港口有意破坏，所以陆游的船也只能到几里外的竹园步停泊。所谓"步"就是水边集市。淳熙四年(1177)范成大自成都赴浙，经过黄州发现仍无合适的港口。范成大说："黄冈岸下素号不可泊舟，行旅患之。余舟亦移泊一湾渚中，盖江为赤壁一矶所攫。""郡议欲开澳以归宿客舟，未决。"范成大的船也只能停泊在赤壁下江湾中。淳熙十一年(1184)曾有商人陆太等11人上书反映黄州泊舟条件之差，称"黄州税务正临赤壁湍险之处，每遇舟船到岸，百端阻节"，且"江面阔远，风涛不测，前后积聚官私舟船不可胜计"。有商人等候检税时忽遇大风浪，"坏船十只，沉失盐二千余袋，又打碎其他大小船五十余只"，知州方廷瑞也因此而被罢官[1]。

### 三、城墙城门

东坡谪居黄州前，安陆人郑獬在《黄州重建门记》中记录了一次维修城门的事实："治平二年(1065)，予佩荆州印，浮舟跨长江而南道出于黄，往见刺史陈侯。入其南门，榜扶下支，隙然其将颠，引辇疾驱而后过之。予意陈侯甚有才而敏于为政，是将葺之矣，而不以告也。明年春，果有书来：'新作州门，幸遗我数十百字以识之。'"[2]

北宋时期，黄州刺史陈侯得知"知荆南军府事"郑獬策马经过黄州南门差点被门梁砸倒，于次年修复了南门，并写书信请郑獬作记。可知东坡居黄前黄州确有南门，这篇应邀而作的记文中也没有提到南门之名，可见当时南门未有定名。

在东坡诗文中，对黄州城门仅记载有东门和朝天门，其他的城门有没

---

① 黄纯艳：《宋代长江航行方式及港口体系》，《上海师范大学学报》2016 年第 1 期。
② (宋)郑獬：《郧溪集》卷十五。

有、在不在、是何名称，均无记载。居黄四年，东坡似乎只走过黄州的东门，有三首诗记载了黄州东门。《日日出东门》写道："日日出东门，步寻东城游"；《上巳日，与二三子携酒出游，随所见辄作数句，明日集之为诗，故辞无伦次》中写道"却寻流水出东门，坏垣古堑花无主"；在《菩萨蛮·七夕》中也提到了黄州朝天门。

北宋靖康元年（1126），太学生陈东在《辞诰命上钦宗皇帝书》中说："天下州郡城门之向帝都者，素号朝天门。"①北宋时期，帝都汴京即今河南开封，依此论，则黄州朝天门应为北门。

朝天门作为城门，一直都是向北或东北的城门。唐昭宗景福二年（893），钱镠修杭州罗城，始建朝天门，是杭州子城外的夹城北门。南宋定都杭州（临安府），朝天门是皇城的北门。始建于北宋的广东肇庆古城，其北门为朝天门。元明时期重修的重庆古城东北门名为朝天门。

东坡只记载了无名的东门、无位置方向的朝天门，他多次游历赤壁，却都是乘舟溯长江向西北而上，从来不走宋城的"西门"或"北门"，甚至也不绕行"南门"或东门，这种情况其实是符合张耒所言"名为州而无城郭，西以江为固，其三隅略有垣壁，间为藩篱，因堆阜揽草蔓而已"的情况的。陆游、范成大分别在东坡离黄后的 86 年（1170）、93 年（1177）游历黄州，均未提到任何一座黄州城门的名称，反而留下"自州门而东"的疑案。

成书于东坡离黄后 143 年（1227）的《舆地纪胜》记载："赵龙图思显庙，在城东怀化门外。……临皋馆，在朝宗门外。"说明南宋时黄州已有朝宗、怀化两个有名称的城门。

## 四、人口经济

北宋将全国州县划分为望、紧、上、中、下五等。其标准是：州辖 4 万户以上为望，3 万户以上为紧，2 万户以上为上，1 万户以上为中，不满

---

① （宋）陈东：《少阳集》卷二《辞诰命上钦宗皇帝书》，清文渊阁四库全书本，第 158 页。

1万户为下。宋代黄州府下辖今天的黄州区、团风县、新洲、红安、麻城和黄陂六县及市镇，以及孝感市及河南新县部分地区，面积约达1.1万平方公里。《元丰九域志》记载，黄州元丰元年（1078）主户3293户，佃户4950户，合计8243户，被定为下州。王禹偁在《黄州谢上表》中说："今人户不满一万，税钱止及六千"，可见在元丰元年以前，黄州府人口不到一万户，税收刚刚六千两银子。他还在《十月二十日作》中记载"路傍饥冻者，颜色颇悲辛"，又说"秋霖过百日，岁望终何如……雨若是天泪，天眼应已枯"，还说"山云百日雨，山水十丈波。田畴与道路，一夕成江河。夏旱既损麦，秋潦复无禾。津梁尽倾坏，商贩绝经过"①。张耒另在《明道杂志》中记述"黄之陋特甚……城中民居才十二三，余皆积水荒田，民耕渔其中"，还描写了黄州的大旱，如《劳歌》"暑天三月元无雨，云头不合惟飞土"，如《不雨》"齐安一郡雨不足，稻吐土坚不入谷……百尺长绳抽井底，井中泥滓多于水"，在《雪中狂言》中说"今春齐安大疾疫，闾里老弱死籍籍。蒉绳芦席肩两夫，绕郭累累瘗千百"。② 这里到处都是黄泥土和红色砂岩，只能生长竹子和蒿草，仅有的几块田地，又经常遭受涝旱之灾。张耒还在《齐安行》中写道："黄州楚国分三户，葛蔓为城当楼橹。江边市井数十家，城中平田无一步。土冈瘦竹青复黄，引水种稻官街旁。……使君丽谯涂垩赭，门狭不能行两马。满城蛙噪乱更声，谷风谷谷黄鸦鸣。最愁三伏热如甑，北客十人八九病。百年生死向中州，千金莫作齐安游。"③如此写实的描写，不能不说东坡对黄州是笔下留情了。

黄州渡口码头从唐宋开始有了一定的发展，有三个非常小型的码头：竹园步、菜园步、临皋港（又称为夏澳）。这三个码头只能停靠本地的小渔船，码头小到基本找不到文献记载。只有夏澳比较有名，时任黄州知州夏

---

① （宋）王禹偁：《小畜集》。

② 张耒：《张右史文集》，四库丛刊。

③ 张耒：《齐安行》。

竦为解决黄州航运、船舶停靠问题①，修了一条水港接到长江水道，形成一个小的内湖码头，这道水港就被称为夏澳，对经济发展起了很大的作用。唐宋经济蓬勃发展的态势虽然在全国较为普遍，但并没有辐射到黄州，至少是黄州由于自身码头渡口条件限制了商贸业的发展②。

### 五、民俗风情

北宋黄州城的民风民情习俗与江淮地区大致相同。苏东坡在《书韩魏公黄州诗后》介绍："黄州山水清远，土风厚善，其民寡求而不争，其士静而文，朴而不陋。"赞扬黄州："虽闾巷小民，知尊爱贤者，曰：'吾州虽远小，然王元之、韩魏公尝辱居焉'，以夸于四方之人。元之自黄迁蕲州，没于蕲，然世之称元之者，必曰'黄州'，而黄人亦曰'吾元之也'。魏公去黄四十余年，而思之不忘，至以为诗。"这段话至今仍是黄州人津津乐道的自矜之语。

苏东坡在《书鸡鸣歌》中说：

余来黄州，闻黄人二三日皆群聚讴歌，其词固不可分，而其音亦不中律吕，但宛转其声，往返高下，如鸡鸣耳。与庙堂中所闻鸡人传漏，微有相似，但极鄙野耳。

在《满庭芳·归去来兮》一词中他写道：

坐见黄州再闰，儿童尽楚语吴歌。

---

① 按：北宋真宗天禧元年（1017）十二月，夏竦调任知黄州。天禧三年，调任知襄州(今湖北襄樊)。

② 贺治民：《黄冈城市空间营造研究》，武汉大学 2014 年博士学位论文，第 3 页。

图 1-6　黄州出土的宋代铜镜（黄州区博物馆藏）

（"湖州真石家念二叔照子"带柄铜镜、"湖州真石家念二叔照子"葵花镜、"建康
府苑家炼铜照子记"葵花镜、"千秋宝鉴"带柄铜镜、"煌丕昌天"海船纹镜）

东坡的记载，使人们了解了宋代黄州山歌的特征。古代之歌词绝大多
数配有固定之曲，苏东坡深谙词律，他说黄人"不中律吕"，正说明他们唱
的是自编的民歌。其特色是旋律宛转，回转反复，吟唱不绝。

黄州城的佛禅道教氛围浓郁。宋代上至皇帝、士大夫，下到平民百
姓，崇佛信道者众，念经事佛，修炼悟道，布施祈福，成为人们精神生活
中的重要寄托。相当多的朝廷重臣和文坛领袖热衷释典，几乎出现了"不
谈禅，无以言"的状况①。东坡居黄期间，但凡出游必到寺观参观。他在
《上巳日，与二三子携酒出游，随所见辄作数句，明日集之为诗，故辞无

① 魏建中：《从宋代士大夫禅学看宋代佛教的社会化发展》，《经济与社会发展》
2009 年第 1 期。

伦次》诗中说："更随落景尽余樽，却傍孤城得僧宇。"黄州诗文中提到的寺院就有净居寺、西山寺、陶母庙、圣母庙、禅智寺、清泉寺、五祖寺、安国寺、定惠院、乾明寺、承天寺、师中庵，道观有天庆观。

张耒在《一百五歌》中展示了北宋黄州百姓祭祖郊游的风俗画卷：

山民岁时事荼卤，犹知拜扫一百五。平明士女出城闉，黄土冈前列尊俎。箬包粉饵蒸野蔬，富家烹羊贫荐鱼。日暮肩舆踏风雨，江乡人家无犊车。插花饮酒山边市，醉后歌声却邻里。南人闻歌笑相寻，北人闻歌泪满襟。

在《寒食歌》里介绍了当时寒食清明祭祖情形，可窥宋代黄州风俗：

东风芳草长，寒食春茫茫。人家掩门去，鸡犬自相将。原头簇簇柳与花，行人往来长叹嗟。旧坟新冢累累是，裂钱浇酒何人家。桑上鸣鸠唤山雨，雨脚萧萧山日暮。归来门巷正春寒，花底残红落无数。北里悲啼夜未休，清弦脆管起南楼。古今歌笑何时尽，芳草白杨春复秋。去年巧笑秋千女，今年嫁作东家妇。彩绳画柱似当年，只有朱颜不如故。百人学仙无一成，麻姑不见但闻名。万斛春醪须痛饮，江边渔父笑人醒。

## 六、名产风物

北宋黄州城滨江带湖，水产较多，东坡笔下多有记述，如："长江绕郭知鱼美，好竹连山觉笋香。""江淮水为田，舟楫为室居。鱼虾以为粮，不耕自有余。""高亭废已久，下有种鱼塘。""去为柯氏陂，十亩鱼虾会。""从来破釜跃江鱼，只有清诗嘲饭颗。""我哀篮中蛤，闭口护残汁。又哀网中鱼，开口吐微湿。""黄州僻陋多雨，气象昏昏也。鱼稻薪炭颇贱，甚与穷者相宜。"

苏东坡还专门记录了一种《煮鱼法》：

> 子瞻在黄州，好自煮鱼。其法：以鲜鲫鱼或鲤治斫，冷水下。入盐如常法，以菘菜心芼之，仍入浑葱白数茎，不得搅。半熟，入生姜、萝卜汁及酒各少许，三物相等，调匀乃下。临熟，入橘皮线，乃食之。其珍食者自知，不尽谈也。

张耒在《齐安春谣五绝》中称：

> 江上鱼肥春水生，江头花落草青青。
> 蒌蒿芽长芦笋大，问君底事爱南烹。

因沿江居民耕渔并重，渔业生产兴旺，形成独特的鱼类加工技术，并销往江西等地，黄州官府因此设置鱼货出境税卡，获利甚丰。据张耒在《明道杂志》中记载，黄州税卡每征两艘"淡鱼"船税，"则一日课利不忧"，这种"淡鱼"是不用盐腌制，直接将鲜鱼剖开晒成鱼干，以方便保存和运输，类似鱼鲞（xiǎng）。

宋代黄州有美酒，王禹偁在黄州有"待酒力醒，茶烟歇，送夕阳，迎素月，亦谪居之胜概也"的雅致。东坡居黄时，以"压茅柴酒"名气最大。"饮之一热便过，剧熄如压茅柴"。因压茅柴酒质佳名大，全部为官府掌握，严禁私自酿制和销售，连苏东坡也难得一尝。他在《岐①亭五首》中叹息：

> 三年黄州城，饮酒但饮湿。我如更拣择，一醉岂易得。几思压茅柴，禁网日夜急。

---

① 古时"岐"同"歧"。本书两种写法通用。

苏东坡还说："日欲把盏为乐，殆不可一日无此君。"

张耒在黄州实在看得开，有酒可喝就好得很：

> 齐安荒僻郡，平昔处放臣。幸此公酒美，复此高秋晨。
> 百忧虽抢攘，一榼奈芳醇。举杯三酌后，遥作葛天民。①

酒可解忧，三杯之后，就安处僻壤，再无怨言。

> 曾尝玉皇碧琳腴，不醉长安市上酤。（张耒自注：作史官时，岁
> 六节赐御醪。）饮湿先生今已矣，啜醨留得与门徒。（张耒自注：东坡
> 云，三年黄州城，饮酒但饮湿。）②

张耒贬到黄州当个"监酒税"成了美差，因为"齐安酒最醇"③，对此，
张耒说：

> 《明道杂志》云：余自罢守宣城，至今且二年，所过州府数十，而
> 有佳酒者不过三四处。高邮酒最佳，几似内法，问之其匠，故内库匠
> 也。其次陈州琼液酒，陈辅郡之雄，自宜有佳匠。其次乃黄州酒，可
> 亚琼液而差薄，此谪官中一幸也。

后来陆游到黄州，估计地方官没有拿出本地最好的酒，或者该酿酒术

---

① 张耒：《张耒集》卷 20，《齐安秋日》。
② 张耒：《张耒集》卷 32，《斋中列酒数壶，皆齐安村醅也，今旦亦强饮数杯，
戏成绝句奉呈那老昆仲二首》。
③ 张耒：《张右史文集》卷 16，《冬日放言二十一首·其十二》："我初谪官时，
帝问司酒神。曰此好酒徒，聊给酒养真。去国一千里，齐安酒最醇。失火而遇雨，仰
戴天公仁。"

已失传：

> 郡集于栖霞楼①……酒味殊恶……郡人何斯举诗亦云："终年饮恶酒，谁敢憎督邮。"然文潜乃极称黄州酒，以为自京师之外无过者，故其诗云："我初谪官时，帝问司酒神，曰此好饮徒，聊给酒养真。去国一千里，齐安酒最醇。失火而得雨，仰戴天公仁。"岂文潜谪黄时，适有佳匠乎？

足见美酒如美人，可遇不可求。

东坡还在黄州自酿蜜酒，写下"煮豆作乳脂为酥，高烧油烛斟蜜酒。……不如蜜酒无燠寒，冬不加甜夏不酸"的诗句，他在与友人信中说：

> 近日黄州捕私酒甚急，犯者门户，立木以表之。临皋之东有犯者，独不立木，怪之，以问酒友，曰："为贤者讳。"吾何尝为此，但作蜜酒尔。
>
> 予作蜜酒，格与真水乱。每米一斗，用蒸饼面二两半，饼子一两半。如常法，取醅液再入蒸饼面一两酿之。三日尝看，味当极辣且硬，则以一斗米炊饭投之。若甜软，则每投更入曲与饼各半两。又三日，再投而熟，全在酿者斟酌增损也，入水少为佳②。

并有《蜜酒歌并叙》为证：

> 西蜀道士杨世昌，善作蜜酒，绝醇醷。余既得其方，作此歌遗之。

---

① 郡集，指州郡官员名流招待客人的宴饮集会。本文指与黄州官吏在栖霞楼内会饮。

② 苏轼：《商刻东坡志林》卷 8，《全宋笔记》第一编（九），大象出版社 2003 年版，第 163 页。

## 七、苏东坡笔下的黄州文物

苏东坡好古物。他的爱好与收藏十分宽泛，还将在黄州所见到的珍稀古物如砚石、铜镜、编钟、佛像等用诗文进行记录，让我们对宋代黄州有更多的了解。

在黄州沙湖黄氏家觅得沉泥砚，作《书吕道人砚》：

宋 吕道人砚
191×131×32
(长/宽/高mm)

图 1-7 宋吕道人沉泥砚

泽州吕道人沉泥砚，多作投壶样。其首有吕字，非刻非画，坚致可以试金。道人已死，砚渐难得。元丰五年三月七日，偶至沙湖黄氏家，见一枚。黄氏初不知贵，乃取而有之。

他专为黄州人收藏的铜镜作诗:《数日前梦一僧出二镜求诗,僧以镜置日中,其影甚异,其一如芭蕉,其一如莲花,梦中与作诗》

> 君家有二镜,光景如湛卢。或长如芭蕉,或圆如芙蕖。飞电着子壁,明月入我庐。月下合三璧,日月跳明珠。问子是非我,我是非文殊。

当苏东坡泛舟沿举水河而下时,在古黄州故地(今武汉市新洲区),意外地获得一面古代的青铜镜,有感于此面古镜照人微小,具有道家聚形之术,苏东坡作《书所获镜铭》说:

> 元丰四年正月,余自齐安往岐亭,泛舟而还。过古黄州,获一镜,周尺有二寸,其背铭云:"汉有善铜出白阳,取为镜,清如明,左龙右虎(备)之。"其字如菽大,杂篆隶,甚精妙。白阳,疑南阳白水之阳也。其铜黑色,如漆。其背如刻玉。其明照人微小。旧闻古镜皆然,此道家聚形之法也。

不独如此,苏东坡在给李方叔的书信中亦以此事相告说:

> 近获一铜镜,如漆色,光明冷彻,背有铭,云:"汉有善铜出白阳,取为镜,清如明,左龙右虎(备)之。"字体杂篆隶,真汉时字也。白阳不知所在,岂南阳白水阳乎?"如"字应作"而"字使耳。"左龙右虎",皆未甚晓。更闲,为考之。

对于在古黄州所获的这面铜镜,东坡形容其"周尺有二寸""其铜黑色,如漆。其背如刻玉。其明照人微小"。考宋代一尺两寸可知,镜周长约38cm、直径约12cm;从描述上来看,此镜为黑色皮壳,背面纹饰精细规整，如同刻玉，光可鉴人，镜中映出的人影较小。由于"照人微小"，东坡认为此镜属于道家用以聚形修炼的法器镜。铜镜背面的铭文，东坡形容其字"如菽大"，"菽"即豆子；"杂篆隶，甚精妙"，言其铭文字体在篆书与隶书之间，书法十分精妙。铭文共十九字，东坡释之为："汉有善铜出白阳，取为镜，清如明，左龙右虎（俌）之。"对于铭文中的"白阳"，东坡认为或许指的是"南阳白水之阳"，即今南阳白河之北。综合以上描述，可以推知这面铜镜，应当是东汉早期的博局纹镜①。

苏东坡在团风得罗汉像，修缮后送黄州安国寺供奉，作《应梦罗汉》：

> 仆往岐亭，宿于团风，梦一僧破面流血，若有所诉。明日至岐亭，以语陈慥季常，皆莫晓其故。仆与慥入山中，道左有庙，中神像之侧，有古塑阿罗汉一躯，仪状甚伟，而面目为人所坏。仆尚未觉，而惜忽悟曰："此岂梦中得乎？"乃载以归，使僧继连命工完新，遂寘之安国院。左龙右虎，盖第五尊者也。

东坡将由自己出资修复好的古罗汉塑像赠给安国寺住持继连，并请安国寺僧人为母亲诵经祈福，施斋饭于安国寺。事后，苏东坡作《应梦罗汉记》予以说明：

> 元丰四年正月二十一日，予将往岐亭。宿于团封②，梦一僧破面流血，若有所诉。明日至岐亭，过一庙，中有阿罗汉像，左龙右虎，仪制甚古，而面目为人所坏，顾之恻然，庶几畴昔所见乎！遂载以归，完新而龛之，设于安国寺。四月八日，先妣武阳君忌日，饭僧于寺，乃祭之。责授黄州团练副使眉山苏轼记。

---

① 信古斋主人：《苏东坡收藏的东汉古镜》。
② 对照《应梦罗汉》一文，"团封"应为"团风"之误，即今黄冈市团风县。

见到古编钟，作《书黄州古编钟》：

　　黄州西北百余里，有欧阳院①。院僧畜一古编钟，云得之耕者。发其地，获四钟，□破其二，一为铸铜者取去，独一在此耳。其声空笼，然颇有古意，虽不见韶□之音，犹可想见其仿佛也。

　　编钟的历史能够上溯到 3500 年前的商代，兴起于周朝，盛于春秋战国直至秦汉。早期编钟较为简单，一般三枚一套，后来整套编钟的数量开始不断增加，形成较大的规模。古代的编钟是帝王和贵族专用的乐器，是等级与地位的象征，多用于宫廷演奏。"黄州西北百余里"的黄陂、新洲地域属宋代黄州辖地，历史悠久，有著名的盘龙城商代遗址和较多周代墓群，地下文物丰富。据东坡所记，该编钟一组四枚，极可能是西周至春秋战国时期高等级贵族的窖藏或墓葬出土之物。

图 1-8　黄州出土的青铜剑（黄州区博物馆藏）

---

　　① 宋代属黄冈县，在今武汉市新洲区。

用珍藏了三年的铜剑与朋友换龙尾砚，作《张近几仲有龙尾子石砚，以铜剑易之》以记之：

> 我家铜剑如赤蛇，君家石砚苍璧椭而洼。
> 君持我剑向何许，大明宫里玉佩鸣冲牙。
> 我得君砚亦安用，雪堂窗下尔雅笺虫虾。
> 二物与人初不异，飘落高下随风花。
> 蒯缑玉具皆外物，视草草玄无等差。
> 君不见秦赵城易璧，指图睨柱相矜夸。
> ……

## 第三节　黄州城区和周边地域宋代考古发现与相关文物

### 一、黄州宋城

2011 年 6 月 15 日至 7 月 16 日，湖北省文化厅、湖北省文物局安排湖北省文物考古研究所与黄冈市博物馆、黄州区博物馆，组成宋城遗址考古论证课题组，对黄州宋城遗址进行了考古调查和钻探，同时对相关的禹王城、明清黄州城进行了实地踏勘。通过田野考古工作，确定了宋城的具体位置，探明了城墙的四至、范围和城内文化层堆积的厚度，辨明了城墙的建筑方法与结构特征，断定了城址的筑建与废弃年代①。

在实施田野考古工作之前，课题组查阅了有关宋、明时期黄州城地理位置变迁的文献资料，检视了日本 1917 年测绘的 1：10000 地图，判读了 1963 年美国 U-2 飞机拍摄、保存在台北故宫博物院的 1：8000 航片及本土

---

① 朱俊英、陈国祥、吕建国、吴琳：《湖北黄州宋城遗址考古调查报告》，《江汉考古》2012 年第 4 期。

图 1-9　1963 年美国 U-2 飞机拍摄的黄州城 1∶8000 航片

专家相关论文资料。

　　调查发现，在黄州城东南发现有十分清楚暴露在地面的夯土城垣。虽然整座城址被现代建筑物覆压，城垣历经大自然千余年的剥蚀和近现代人为的损毁，但仍有部分城垣凸显地面，城址形状清晰可见。城址的北垣、

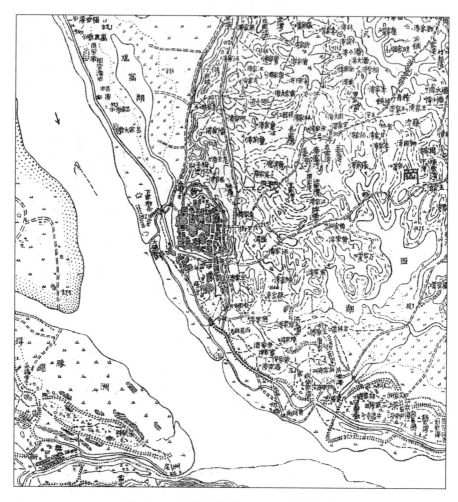

图 1-10 1917 年测绘的 1:10000 黄州城图

南垣和东垣保存较好,西垣地面不见城垣遗迹,北段为自然岗地。城址的北垣抵八一路,南垣至西湖一路,东垣紧邻青砖湖路,西垣在沿江路以东、安国寺路以西,紧邻黄冈中学老校区体育场。从整体地形观察,城内地表略高于城外地表 2~5 米。城址北垣顶面呈龟背状弧形,长约 1158 米、宽 30~40 米、残存高度高于地表 1~5 米。南垣顶面较平,内外壁呈较陡的斜坡状,横剖面呈梯形。长约 840 米、宽 28~35 米、高 1~6 米。东垣是保存最好的一段城垣，城垣横剖面呈梯形，长约500米、顶面宽约25米、底宽约30米。顶面约高于城内地面2~3米、高于城外地面12.6米。西垣是保存最差的一段城垣，地面没有发现城垣遗迹。西垣(缺口与北段自然岗地)长约1518米、残宽约20米、残高1~2米。由于南垣弧外曲，南垣东段与东垣之交呈切角。城垣拐角夹角的角度分别为：东北角100°，东南角126°，西南角102°，西北角90°。北城垣、东城垣、南城垣各有2个缺口，西垣由于损毁严重，城垣缺口不明。城垣平面形状大体呈正方形，面积约1平方公里(图1-11)。考古调查发现的城垣遗迹与1963年拍摄航片上的城址影像形状完全吻合。

图1-11　宋城东南城垣拐角处与南垣现状照

调查时，还在城内外发现了一批宋至元代遗物散落在当地居民家中，如陶质青砖和带铭文的"防江军窑城砖"、石柱础、铜钱、铜镜和陶瓷器，这批遗物为确定宋城的具体位置提供了佐证。

为了确定城址的修建、使用与废弃年代，了解宋代城垣的结构，考古人员在城垣的东南拐角(定惠院209~211号民房门前东侧)开了一条2×6米的试掘探沟，探沟内的地层堆积层次清晰，各层内包含的遗物年代清楚，

图 1-12　黄州宋城出土的部分文物

（瓷器、陶擂钵、陶坠、铜钱）

试掘城垣夯土内最早的包含物为六朝，最晚的包含物是宋代，城垣夯土内出土的遗物，已把城垣的下限年代卡定，为我们解读城址的筑建、使用、废弃年代提供了证据。宋城的考古发现与《明史·地理志》、明弘治《黄州府志》等文献记载重合，而且所记宋城与明城的地理位置完全吻合。宋城城垣的建筑材料、建筑方法、城垣内的包含物与明清城垣截然不同。宋城用土筑城垣，填土分层夯筑，夯层很薄，夯窝清晰，最晚的包含物为宋代初期，证明城址始建于宋代①。

2011 年的这次宋城考古勘探调查，对东坡遗址遗迹的考证具有里程碑意义，通过考古勘探和对城垣的解剖，找到了宋城东垣，并大致明确了宋城四至范围，为东坡遗址遗迹定位提供了学术依据。其后，黄州人采取立

————————

① 作者按：考古发掘中时代最晚的包含物，不能作为城墙始建年代依据。

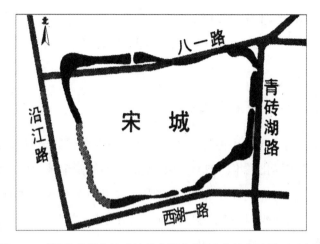

图 1-13 《湖北黄州宋城遗址考古调查报告》中的宋城平面示意图

标志石的方式，在定惠院、临皋亭、承天寺等相应位置竖立了标志石，让
市民和东坡爱好者有迹可循，从而掀起了对东坡遗址考证的热潮。本书的
考证，即以此次成果为依据展开。

图 1-14 黄州定惠院、临皋亭、承天寺遗址标志石

由于受城市建设条件和时间限制，此次考古调查未解决所有关于东坡
遗址遗迹定位的问题。如在报告中宋城范围图示的北垣、西垣不见钻探夯

土和分层情况；未能探明城门位置与结构；东城垣探沟并未挖掘至生土，考古报告所谓"最早的包含物为六朝"只能说是试掘地层中的最早年代；除城内东南探明一处大型建筑基址外，未能对府署区、道路、城壕等相关设施等进行定义。

## 二、黄州紫金城宋代纪年墓

2013 年 3 月，黄冈市博物馆考古专业人员在黄州紫金城居民小区西南角清理一座北宋淳化三年（992）纪年砖室墓，编号紫金城 M1，该墓南与赤壁大道相邻，西与东门小学仅一墙之隔。这里原是一条由北向南延伸岗地，墓葬埋在岗地西侧一个凸起的山咀上。这座墓出土了一批颇具时代特色的随葬器物，考研价值重大①。

**墓葬形制**　该墓为土坑砖室墓，坑口残长 3 米、宽 4.7 米，坑底残长 5 米、宽 3.9 米，口至底深 3 米。砖室用长方形青灰砖砌成，残存部分墙体。平面呈"凸"字形，单室。青灰砖从纹饰上分铭文砖、几何纹砖和素面砖。铭文砖一侧面模印"淳化三年三月一日□□□□"阳文反体楷书，另一侧面模印五个六瓣团花纹，余为素面。铭文砖长 30 厘米、宽 10.2 厘米、厚 5.3 厘米；几何纹砖为模印阳纹，两端面为二横线几何纹，砖长 30 厘米、宽 14 厘米、厚 6 厘米；素面砖长 27 厘米、宽 12.8 厘米、厚 3.8 厘米。

**出土器物**　由于早期被盗和后期破坏，残存随葬品仅 8 件，分别为：釉陶炉 1 件、瓷碗 4 件、瓷执壶 1 件、釉陶罐 2 件，另有铜钱 1 枚。

其中，瓷执壶为白灰胎，青绿釉，釉面清润，施满釉，颈内和底施釉，足沿无釉但有釉结。圆唇，喇叭口，长颈，广肩，弧腹，圈足，平底。肩一侧堆贴细长曲流，流口低于口沿，肩另一侧堆贴扁状执把。腹中部可见旋纹。口径 9.4 厘米、底径 7.6 厘米、高 21.4 厘米、腹大径 12 厘米。

莲瓣绿釉陶炉为橘红胎，内外施釉，器外釉色深绿光亮，玻璃质感

---

① 　黄冈市博物馆：《湖北黄州紫金城北宋纪年墓清理简报》（待发表）。

图 1-15 黄州紫金城宋墓出土文物
（执壶、莲瓣绿釉陶炉、瓷碗、"开元通宝"铜钱、陶罐、"淳化三年"铭文砖）

强，器内绿釉泛黑。由身、柄、座构成。身、座轮制，器内壁有弦纹和粘痕。柄手工堆塑，座切削镂空，然后粘接成完整器皿。身和柄由自身胎土粘接，柄与座用釉粘接。炉身敞口，圆卷唇，唇下一道凸棱，深弧腹，内底平。腹下半部堆塑二层莲瓣纹，每层一周六瓣，仰莲状。柄喇叭形，上部较直，下部呈折腹状，喇叭口处堆塑一周莲瓣纹，一周六瓣，覆莲状。座上部呈八边截锥体形，内空圆形，座面中心镂一圆孔联通柄座，八方立面镂空呈圆形或上方带三角的横向椭圆形，座下部呈圆环状，上面八方出台。口径 19 厘米、座底径 13.3 厘米、座高 6.3 厘米、通高 29.3 厘米。此炉造型独特，风格古朴典雅，是炉中珍品，显得十分珍贵。

铜钱 1 枚，锈蚀严重，字迹模糊，内、外廓较窄，正面隶书"开元通宝"。

**时代与价值** 紫金城 M1 的墓砖上模印有"淳化三年三月"文字，为公元 992 年，属北宋早期，据此，该墓的下葬年代最早不过"淳化三年"，为研究黄州古城历史和宋代的物质文化确立了分期断代的标尺。

这座墓虽是单室砖墓，但定制了年号墓砖且规模较大，随葬品精美，可见墓主身份地位很高，当属有一定社会地位的上层贵族。

此墓墓口之上叠压有宋、元、明、清时期的文化层堆积，并出土了一批时代特征明确的瓷器。此墓西距明清黄州城约 750 米，西南距黄州宋城东北角约 500 米，应是当时宋代黄州城居民故去后的埋葬之处。这座墓葬的发现对黄州宋城的精准定位具有重要作用，也为研究黄州古代城市的发展演进提供了重要的实物资料。

## 三、寨上遗址考古发现与宋代寺庙建筑①

**遗址概况** 寨上遗址位于黄冈市黄州区陈策楼镇豹子垴村西南部，巴河支流沙河图河东岸，距黄冈市区 18 公里。遗址为长条形台地，顶部平坦

① 参见武汉大学历史学院、黄州区博物馆：《2019 年湖北黄州寨上遗址发掘汇报》。

开阔，高出外侧地表 3~5 米，南北长约 260 米，东西宽 60~80 米，总面积约 2 万平方米。遗址海拔约 35 米。遗址主体年代为商至西周时期，文化层厚 1.5~2.5 米，遗址北部为商周时期的居住区，密集分布多座小型房址，南部主要为铸铜生产的废弃物倾倒区。遗址中部发现有可能为佛寺的大型宋代建筑基址。遗址周边数百米区域内的朱家湾、寨家顶等地，采集到少量商周时期陶片，年代与寨上遗址相近。

图 1-16　寨上遗址位置图

该遗址于 1981 年全国文物普查时被发现。1994 年黄冈地区博物馆对

其进行了复查并发表调查报告①。2014 年被公布为湖北省第六批重点文物
保护单位。

　　**工作经过**　　经国家文物局批准，2018 年 9 月至 2019 年 9 月，武汉大
学历史学院与黄州区博物馆联合组队对遗址进行田野考古工作。发掘面积
约 1000 平方米，发掘深度 1.7~3 米，普遍深度 2.5 米。早期遗存为商代
中期至西周中期，发掘灰坑、灰沟、房址等遗迹 160 余个，出土陶、石、
铜、原始瓷、玉器等大量遗物，尤以获得的大量铸铜遗存最为重要。晚期
遗存的时代为北宋至元、明、清时期。

图 1-17　寨上遗址全景

　　**建筑遗迹**　　北宋建筑位于寨上岗地中部。发现了由砖墙、基槽、柱
础、明沟、暗沟等遗迹构成的 5 座北宋建筑基址，编号为 F3、F4、F5、
F8、F9。局部被明清时期灰坑打破，大多仅存基础部分，F3、F9 仅存地
基垫土，F8、F5 保存稍好，形制较明确。从出土的建筑构件、陶瓷器、铜
钱和石碑铭文推测此处可能为一北宋佛寺。

---

　　①　黄冈地区博物馆：《湖北黄冈巴水流域部分古文化遗址》，《考古》1995 年第 10
期。

图 1-18　寨上遗址宋代遗迹分布图（左图为由北向南拍摄）

考古发掘出的宋代建筑均属同期建筑，以 F8 为主体，坐西面东，建筑中轴线为 65 度。

图 1-19　寨上遗址 F8 暗沟内套接陶排水管、墙基包砖、铺地砖等

F8 面阔三间，由居中的大殿与南北两侧的偏殿组成，总长 19.5 米、宽 7.38 米。F8 东南、东北各有多间小型建筑，东南为 F4、F5，东北为 F3、F9。这两组建筑与 F8 围成凹字形，其中部为庭院。庭院中部与 F8 大殿中部正对处发现一处平面近圆形的建筑物 K4，其内填满碎砖瓦，或为塔基一类的基础部分。

图 1-20 寨上遗址 F5 基址情况

图 1-21 寨上遗址出土的宋代铭文石柱

F8 地下凿有南北向暗沟，内有套接的陶排水管，暗沟自北向南至 F8 东南角外向东转弯，汇至明沟 G14 下，明暗两沟上下并列向东流出。

F8 北墙 Q1 东南角柱础石旁发现残石柱一块，阴刻楷书竖排 3 行铭文，共 11 字(图 1-21)。由铭文可知 F8 很可能为当时的寺庙住持德言和尚于戊午年某月十一日建成，这组建筑的性质应为佛寺。建筑上下地层出土了多枚北宋真宗至哲宗时期的铜钱，据此推算此"戊午"年为公元 1018 年或 1078 年。

F5 位于 F8 东南，仅存四面砖墙墙基与两墙交会处的三个石柱础。房基平面呈长方形，长 4.04 米、宽 3.04 米。石柱础平面呈方形，与两墙相接处凿有榫卯缺口，东北角柱础上残存石立柱。

**出土遗物** 遗址中部的北宋建筑基址出土了大量瓦当、重唇板瓦、陶脊兽等建筑构件，及北宋真宗至哲宗时期的多枚铜钱。出土瓷器以生活用具为主，器类包含杯、盏、碗、碟、盘等，瓷器胎骨多为青白色及灰青

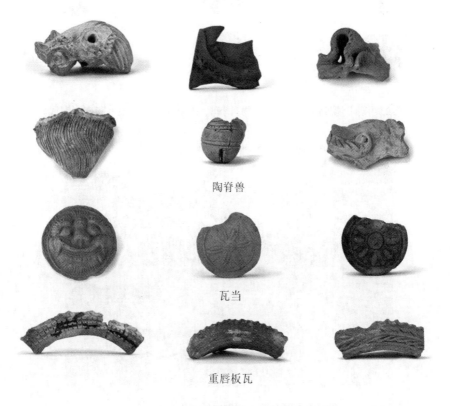

陶脊兽

瓦当

重唇板瓦

图 1-22 寨上遗址出土的建筑构件

色，褐色次之，釉色以青白釉为主，兼有黄釉及黑釉，部分器物上出现涩圈。青白瓷与景德镇窑关系最为密切，常见的盏、碗大多属于梁子湖地区瓷窑产品，而黑釉瓷则系建州窑生产的产品。

图 1-23　寨上遗址出土的宋代文物（陶砚、玉雕人像、瓷碗、陶壶、铜钱）

图 1-24　寨上遗址寺庙想象复原图

寨上遗址的发掘显示，遗址年代包含商、西周直至宋代。遗址提供了关于商周时期黄州地域青铜冶铸等相关文化研究的新资料，填补了古城黄州历史脉络在商代的缺环；遗址中的宋代佛寺遗存，根据出土文物特别是钱币和纪年铭文石柱，可推断该佛寺建筑和使用年代略早于苏东坡居黄期间，是研究北宋时期黄州地域寺院建筑的珍贵资料。

## 第四节　遗址定位

依据《湖北黄州宋城遗址考古调查报告》的成果，黄州宋城的位置与范围如图 1-25 所示。北至今八一路一线，西至今启黄中学东侧火王庙路一线，西南无城垣，东南至今西湖一路，东至今青砖湖路北段。其东门在今定惠院路与青砖湖路交会处，南门在今西湖一路北落星台路至市教科院大门一带。

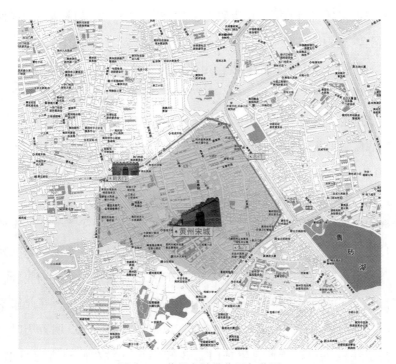

图 1-25　黄州宋城的位置与范围

# 第二章　定惠院（师中庵、啸轩）

"定惠"二字源于佛教教义中三种学问中的后两种，即戒律、禅定与智慧。防止行为、语言、思想三方面的过失为戒，收摄散乱的心意为定，观察明了一切的事理为慧。从苏东坡后来所作的诗文"岂惟忘净秽，兼以洗荣辱""物我相忘，身心皆空"等来看，他在"定"与"惠"方面都得到很高的提升。

苏东坡来到黄州的第一块落脚地，就是定惠院。定惠院是一个规模较小的"僧舍"，但在苏东坡笔下却出尘脱俗，尤其定惠院东山那株海棠，今人想起海棠诗，就会想到定惠院。定惠院位于黄州城东南边的柯山之北，院内还有定惠僧舍、师中庵、任公亭等建筑设施。这里茂林修竹，众鸟聚集，清新幽静，环境宜人，苏东坡父子在此度过了最初的三个多月时光。

定惠院，北宋古刹名，今址在湖北省黄冈市黄州区青砖湖社区内。公元1080年，苏轼因乌台诗案被贬谪黄州后的最初居所就在这里，写下了《卜算子·黄州定惠院寓居作》等名篇。

据明弘治《黄州府志》记载：定惠院在府治东南，苏子瞻尝寓居作海棠诗以自述，院废。弘治庚申(1500)得故址，其茂林修竹，园池风景，宛如苏子所言者。因筑亭以彰其胜概。扁(匾曰)：坡仙遗迹。东曰扪腹轩，西曰揩目轩。明弘治十三年(1500)，当地人找到了定惠院故址，在此修筑了一些纪念性的亭、轩，总匾为坡仙遗址，以记当年的胜迹。明万历时黄冈县知县茅瑞徵筑啸台于此，崇祯时黄州知府祝万龄在此建有定惠书院。台、院清代时已废。

图 2-1 定惠院意境

1835 年末，晚清名臣林则徐因仰慕苏东坡，曾为定惠院题写对联：岭海答传书，七百年佛地因缘，不仅高楼邻白傅；岷峨回远梦，四千里仙踪游戏，尚留名刹配黄州。

明弘治《黄州府志》还记载，明代抗倭英雄奂世亮的墓就安葬在定惠院左侧，此墓直至新中国成立初年尚在，它是今天重新考证定惠院故址的铁证。20 世纪 50 年代初，定惠院只剩下一片坑洼不平、杂草丛生的空地，青砖湖社区张氏兄弟在此建房时，曾挖出有"定惠院"字样的砖石一块，在其住宅后面还发现僧人坟墓数座。2011 年 2 月，该社区发现了铭文为"防江军窑城砖"的宋代黄州城砖，其出土地点就在定惠院遗址东南不远处。

## 第一节 黄州的第一个住所

北宋元丰三年(1080)二月一日，苏轼和长子苏迈来到黄州，寄居在一个名叫定惠院的寺庙僧舍里，父子两人就在这里与和尚搭伙吃斋饭。在定惠院安顿好后，东坡写下到黄州的第一个感觉："长江绕郭知鱼美，好竹连山觉笋香。"看到黄州三面被长江环绕立刻想到有鲜美的鱼吃，看到茂密的竹林就似乎闻到竹笋的香味，他打定主意要在黄州好好过日子了。

在定惠院住了三个月，即便后来搬家了，但定惠院于东坡却有着格外特殊的意义，他依然常回来看看、逛逛、聊聊。

苏东坡在《五禽言五首》的叙言中描写了定惠院的状况：

> 余谪黄州，寓居定惠院。绕舍皆茂林修竹，荒池蒲苇。春夏之交，鸣鸟百族，土人多以其声之似者名之，遂用圣俞体作《五禽言》。

在黄州几年间，苏东坡创作了大量有关定惠院的作品，如《寓居定惠院之东，杂花满山，有海棠一株，土人不知贵也》：

> 江城地瘴蕃草木，只有名花苦幽独。
> 嫣然一笑竹篱间，桃李漫山总粗俗。

《定惠院寓居月夜偶出》：

> 幽人无事不出门，偶逐东风转良夜。
> 参差玉宇飞木末，缭绕香烟来月下。
> 江云有态清自媚，竹露无声浩如泻。
> 已惊弱柳万丝垂，尚有残梅一枝亚。
> 清诗独吟还自和，白酒已尽谁能借。
> 不辞青春忽忽过，但恐欢意年年谢。
> 自知醉耳爱松风，会拣霜林结茅舍。
> 浮浮大瓢长炊玉，溜溜小槽如压蔗。
> 饮中真味老更浓，醉里狂言醒可怕。

但当谢客对妻子，倒冠落佩从嘲骂。

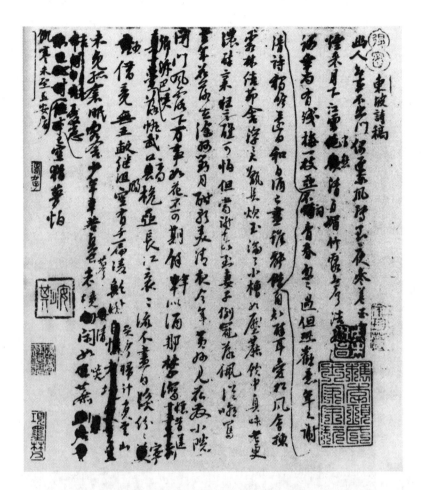

图 2-2　苏东坡手迹《定惠院寓居月夜偶出》

《卜算子·黄州定惠院寓居作》：

　　缺月挂疏桐，漏断人初静。谁见幽人独往来，缥缈孤鸿影。惊起却回头，有恨无人省。拣尽寒枝不肯栖，寂寞沙洲冷。

　　《卜算子·黄州定惠院寓居作》通过描绘月夜孤鸿的形象，表达了苏东坡孤高自许、蔑视流俗的心境，以及他在贬谪期间的孤寂与幽独。作品以简约凝练的叙事、空灵飞动的风格、含蓄蕴藉的情感和生动传神的描写，展现了苏东坡高超的艺术技巧和深邃的情感表达，成为文学史上的经典之作。苏东坡的这首词不仅在文学上具有重要地位，也反映了宋代文人在政治失意时的精神寄托和自我表达。黄州定惠院因此与苏东坡的文学成就紧密相连，成为后人研究和欣赏宋代文学的重要场所。对于苏东坡而言，定惠院是他谪居黄州的第一个住所，也是他白日闭户、夜晚出游的开端，也正是那棵偶遇的海棠树引发了苏东坡在文学上的创作灵感。

图 2-3　"定惠院遗址"立石

　　苏东坡在《海棠》诗中说道，定惠院东边有一株海棠，他常盘桓于海棠树下，甚至有深夜烛照海棠抒情的兴致：

> 东风袅袅泛崇光，香雾空蒙月转廊。只恐夜深花睡去，故烧高烛
> 照红妆。

在黄州遇见海棠，对他而言是意外的惊喜，他立即联想到了自己，顿
时有知音之感，"陋邦何处得此花，无乃好事移西蜀"，借风姿高秀的海棠
寄寓自己幽独高洁的情志。

他在《记游定惠院》中记录定惠院周边的情况：

> 黄州定惠院东小山上，有海棠一株，特繁茂。每岁盛开，必携客
> 置酒，已五醉其下矣。今年复与参寥禅师及二三子访焉，则园已易
> 主，主虽市井人，然以予故，稍加培治。山上多老枳木，性瘦韧，筋
> 脉呈露，如老人头颈。花白而圆，如大珠累累，香色皆不凡。此木不
> 为人所喜，稍稍伐去，以予故，亦得不伐。既饮，往憩于尚氏之第。
> 尚氏亦市井人也，而居处修洁，如吴越间人，竹林花圃皆可喜。醉卧
> 小板阁上，稍醒，闻坐客崔成老弹雷氏琴，作悲风晓月，铮铮然，意
> 非人间也。晚乃步出城东，鬻大木盆，意者谓可以注清泉，瀹瓜李，
> 遂夤缘小沟，入何氏、韩氏竹园。时何氏方作堂竹间，既辟地矣，遂
> 置酒竹阴下。有刘唐年主簿者，馈油煎饵，其名"为甚酥"，味极美。
> 客尚欲饮，而予忽兴尽，乃径归。道过何氏小圃，乞其丛橘，移种雪
> 堂之西。坐客徐君得之将适闽中，以后会未可期，请予记之，为异日
> 拊掌。时参寥独不饮，以枣汤代之。

从以上文章我们可以得知以下信息：

（1）定惠院东边是一座小山，有一株海棠，非常繁荣茂盛。

（2）山上有很多古老的枳树。

(3)尚氏的住宅就在附近，有竹林、花园。

(4)黄州城东门外有小集市或木工作坊，苏东坡买了大木盆。

(5)在城东沿着小沟岸而行，到了何家和韩家的竹园。

(6)当时姓何的人家正在竹林间盖房子，地基已开辟好了，于是在竹园下摆起了酒席。

(7)回家的时候路过何家的园圃，要了一丛橘树，移种在雪堂西边。

## 第二节　定惠院旁的啸轩与师中庵

定惠院住持颙师专为苏东坡开辟了啸轩，此外为纪念去世于遂州的前黄州通判任伋(字师中)还修建了师中庵①，苏东坡常游憩徜徉其间，流连忘返。

为答谢善解人意的颙师，苏东坡作《定惠院颙师为余竹下开啸轩》一诗寄怀：

> 啼鴂催天明，喧喧相诋谯。暗蛩泣夜永，唧唧自相吊。
> 饮风蝉至洁，长吟不改调。食土蚓无肠，亦自终夕叫。
> 鸢贪声最鄙，鹊喜意可料。皆缘不平鸣，恸哭等嬉笑。
> 阮生已粗率，孙子亦未妙。道人开此轩，清坐默自照。
> 冲风振河海，不能号无窍。累尽吾何言，风来竹自啸。

啸轩与亭相似，地势高敞，是一座设有窗槛的长廊，供苏东坡与友人休息、纳凉、避雨与观赏四周美景。

早在十年前的熙宁四年(1071)九月，出任杭州通判的苏东坡自陈州抵

---

① 任伋，1018~1081，字师中，眉州(今四川省眉山市)人，宋仁宗庆历进士。初为河南新息令，后曾通判黄州，神宗熙宁时知泸州。元丰四年(1081)卒，年六十四。事见《淮海集》卷三三《泸州使君任公墓表》及《宋史》卷三四五《任伯雨传》。

达扬州之时，得知任伋出任黄州通判，曾作《送任伋通判黄州兼寄其兄孜》诗相赠：

> 吾州之豪任公子，少年盛壮日千里。无媒自进谁识之，
> 有才不用今老矣。别来十年学不厌，读破万卷诗愈美。
> 黄州小郡夹溪谷，茅屋数家依竹苇。知命无忧子何病，
> 见贤不荐谁当耻。平泉老令更可悲，六十青衫贫欲死。
> 桐乡遗老至今泣，颍川大姓谁能篝。因君寄声问消息，
> 莫对黄鹂矜爪觜。

元丰四年(1081)四月，陈季常自岐亭第二次来黄州看望苏东坡，寓住武昌车湖的王齐愈及其弟齐万闻讯过江相聚，黄州潘彦明、古耕道等皆到临皋亭聚会。适逢苏东坡的老朋友任伋卒于遂州任上的噩耗传到黄州，黄州父老闻讯"相与哭于定惠院者凡百余人"，"饭僧于任公亭祭于师中庵"，当日，苏东坡和陈慥(陈季常)、王齐愈兄弟俩一起亦到师中庵吊唁，苏东坡作文祭之：

> ……眉阳陈慥、苏轼，犍为王齐愈、弟齐万，黄州进士潘丙、古耕道，致祭于故泸州太守任大夫师中之灵曰：允义大夫，维蜀之珍。《诗》之老成，《易》之丈人。去我十年，其德日新。庶一见之，遽没无身。惟慥与轼，匪友则亲。自丙以降，昔惟州民。旅哭于庭，恻焉酸辛。祸福之来，孰知其因。自寿其因，自寿自天，自屈自信。天莫为之，矧凡鬼神。生荣死哀，自昔所难。持此令名，归于九原。

元丰七年二月，苏东坡在黄州师中庵写下《师中庵题名》：

> 元丰七年二月一日，东坡居士与徐得之、参寥子，步自雪堂，并

柯池入乾明寺，观竹林，谒乳姥任氏坟，锄治茶圃，遂造赵氏园，探梅堂，至尚氏第，观老枳偃蹇，如龙蛇形。憩定惠僧舍，饮茶任公亭、师中庵，乃归，且约后日携酒寻春于此。

我们可以看到他们的行走路线：步自雪堂——并柯池——入乾明寺——观竹林——谒乳姥任氏坟——锄治茶圃——造赵氏园——探梅堂——至尚氏第——憩定惠僧舍——饮茶任公亭、师中庵——乃归(临皋亭)。

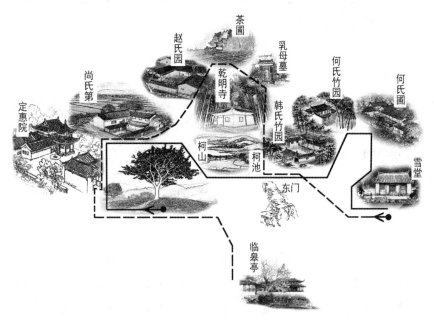

——◄● 《师中庵题名》路线：雪堂——柯池——乾明寺(观竹林)——乳母任氏坟(锄治茶圃)——赵氏园(探梅堂)——尚氏第(观老枳)——定惠院(饮茶任公亭、师中庵)——归(临皋亭)

——◄● 《记游定惠院》路线：定惠院东小山(柯山，饮酒海棠下)——尚氏第(醉卧小板阁，闻崔成老弹雷氏琴)——步出城东(买大木盆)——夤缘小沟——何氏、韩氏竹园——何氏小圃(乞丛橘)——归(雪堂)

图2-4 《师中庵题名》《记游定惠院》模拟路线图

# 第三节　史籍记载

张耒(1054—1114)，字文潜，号柯山，北宋著名诗人，"苏门四学士"之一。

张耒在政治上属于苏东坡派系的旧党。绍圣年间，朝廷大兴党籍，元祐旧党大小在朝之臣，无一幸免，绍圣四年(1097)，张文潜被贬谪黄州监酒务税，元符二年(1099)秋，调任竟陵监酒务税。元符三年(1100)初，朝廷宽赦元祐旧臣，他起用为黄州通判，不久离开。宋徽宗时，蔡京等"新党"对幸存的旧党人物一律加以迫害。张文潜于崇宁元年(1102)7月，责授房州(今湖北房县)别驾，黄州安置。这样，张文潜第三次居住黄州，他这次安置黄州，居柯山，各种条件都十分艰苦，幸黄州城好友相助，使其渡过难关，张文潜也倾其学识相授于友人。可以说，黄州城能成为江西诗派重镇，潘大临、潘大观、何斯举诸人能成为江西诗派重要人物，张文潜功不可没。崇宁五年(1106)，朝廷大赦元祐党人，张文潜也在大赦之列，结束了三年多的黄州流放生涯。

张耒三居黄州，前后尽7年，创作了许多享誉诗史的诗歌。如讴歌黄州山水风光的《同晁郎及秸秸步游乾明晚逾柯山归》道："野水菰蒲秀，荒陂荠麦长。卑田留积雨，荒寺掩斜阳。远树连云梦，群山近武昌。言归日已夕，村还度牛羊。"

如饱含离别之情的《离黄州》：

> 扁舟发孤城，挥手谢送者。山回地势卷，天豁江面泻。
> 中流望赤壁，石脚插水下。昏昏烟雾岭，历历渔樵舍。
> 居夷实三载，邻里通假借。别之岂无情，老泪为一洒。
> 篙工起鸣鼓，轻橹健如马。聊为过江宿，寂寂樊山夜。

黄州岁月,对于张耒来说,的确是刻骨铭心,为了纪念这段不可磨灭的人生经历,他自号柯山,并将自己的诗文集命名为《柯山集》。

他还写了黄州宋城与寺院:

　　壬午正月望,夜赴临汝,宿襄城古驿。县有古寺,家人辈夜往焚香。襄城,古邑也,可以眺二室。地爽垲,退之所谓"颍水嵩山豁眼明"者。癸未元夕,谪居齐安。携家游定惠、妙圆、承天、下大云、东禅。盖出,雨夜有感,示秬秸。

> 江城收灯寒寂历,里巷闭门不复出。
> 蓬茅数屋逐臣庐,门前樵牛卧斜日。
> 老人拥褐炉前睡,眼冷不眠思往事。
> 去年襄城古驿亭,野县风埃寻古寺。
> 周楚川原气象存,岘山紫逦秀连云。
> 地留宝鼎周京贵,山拱泥金神岳尊。
> 齐安江上渔樵市,谁料今年身到此。
> 大江绕郭风涛翻,城中冈垄无平地。
> 青红剪彩挂影灯,渔夫樵妇来相仍。
> 短箫急鼓集儿女,丛祠夜半鸱鹆惊。
> 浮生梦境何足计,呼童且闭柴门睡。
> 百年江上谁得知,竿木随身聊一戏。

苏东坡寓居的定惠院,在他离开黄州86年之后,退出了历史舞台。南宋大诗人陆游于淳熙五年(1178)再次游览黄州时,在《自雪堂登四望亭,因历访苏公遗迹至安国院》一诗后自注说:

　　定惠院已废,海棠亦不复存在。安国院老僧景滋年九十一,自言东坡去黄后四年方生。

《大明一统志》卷六十一"黄州"记载："定惠院，在府治东南。"

明弘治十三年(1500)前后，黄州知府卢濬率百姓寻找并发现了定惠院遗址，进行了复建并题写了匾额。卢濬在《古黄遗迹集》中亦记载："定惠院，在府治东南，东坡先生云'予寓居定惠院之东，有海棠一株，土人不知其贵也'，因作《海棠》诗以自述，即此。与乾明寺相近，岁久地失。弘治庚申，守土者率耆民寻复之，筑亭以彰胜概，扁其中，曰坡仙遗迹，东曰扪腹轩，西曰揩目轩，取《海棠》诗语也。落成，黄人对时赏酌者，盖络绎不绝云。""郡城东南有乾明寺、定惠院，院有花，皆苏文忠公旧游地也。世远人亡，寺与院俱湮殁，花不足言也。"

明万历三十六年(1608)《黄冈县志》记述："定惠院，在城东清淮门外。苏子瞻以元丰三年二月一日至黄，寓居于此。……后人以啸轩名啸台，而移构快哉亭于其下，前有海棠轩，后有洗墨池，又有扪腹轩、睡足堂、文忠祠，其它亭、树、桥、塘甚具，近圮尽。海棠久失种。知县茅瑞徵始查得堂前侵地，修筑啸台，颇堪舒眺。"

万历《黄冈县志》的记载与弘治《黄州府志》对定惠院位置的表述略有不同，一说"定惠院在府治东南"，一说"定惠院，在城东清淮门外"。前者以府治为定位坐标，后者以府城东门清淮门为坐标。从今天定惠院的位置来看，两说并不矛盾。

清代康熙《黄州府志》、乾隆《黄州府志》、光绪《黄州府志》对定惠院的记载，都是"在城东清淮门外"。

清光绪《黄州府志》在"定惠院"下记载说："在城东清淮门外，宋苏轼以元丰三年二月至黄寓此。院东有海棠一株，轼所为赋诗也，又书'开啸'二字，勒石。下有快哉亭，前有海棠轩，后有洗墨池，又有睡足堂、扪腹轩……"

随着时间的推移，到清光绪十年(1884)地图上仍有定惠院的标识，其地理位置仍在明城的东南方。光绪八年版《黄州府志》记载了当时在黄州城内外，共有大小街道51条，其中有一条街道叫"定惠院街"，1992年史智鹏编写的《古城黄州》时，认定定惠院的今址在盛泰一品小区附近(俗称大修厂)。

从1982年到2010年，在原定惠院的地方，居民门牌有定花园、定花苑、定花院、淀花园等。2010年，该地名才恢复历史读音和写法，并将此地居民住户门牌号"定花院"换成"定惠院"，将盛泰一品小区向东通往青砖湖路的一条小巷命名为"定惠院路"，并设立标志石，2016年该地被黄州区人民政府公布为县(区)级文物保护单位。

# 第四节 遗址定位

除前述历代地方志书记载的定惠院方位外，尚有著名的明代奚世亮墓为其佐证。《明史》与清康熙与乾隆两朝的《黄州府志》分别记载："(明)奚世亮墓在定惠院左，嘉靖殉兴化难赠光禄卿敕葬"，"赠光禄卿奚世亮墓在定惠院左敕葬"①。黄冈人奚世亮是明嘉靖进士，曾任福建延平同知，后因

图2-5　奚世亮墓前的望柱与石马(1922年瑞典人维坎德拍摄)

---

① 参见《黄州府志》弘治十四年刻本、康熙二十四年刻本、乾隆十四年刻本、光绪十年刻本。

抗倭牺牲。明朝廷追封奚为光禄卿，旌妻荫子，予以国葬，其位置在定惠院东侧。该墓至民国时仍存墓前望柱、石像生(本地人俗称"石人石马")等神道设施。

　　定惠院遗址约在黄州宋城东北，与师中庵、啸轩位置相近，其大致范围，在黄州八一路东段南侧，东临青砖湖路，今盛泰一品小区和盛德花园小区一带(图2-6)。

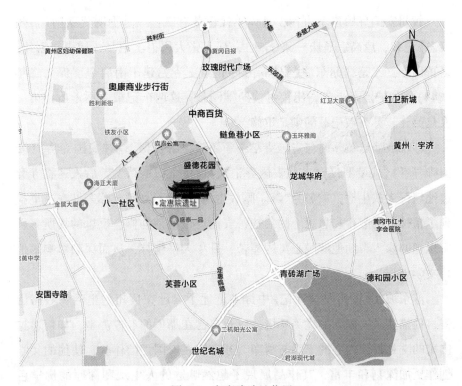

图 2-6　定惠院遗址位置

# 第三章 安国寺（遗爱亭）

黄州安国寺始建于唐代，具体年代记载有二：一是据明代弘治《黄州府志》记载，唐高宗显庆三年（658），郡人张大用捐出地基，僧惠立创建，名护国寺；二是据苏东坡《安国寺诗》记载，寺始建于南唐李璟保大二年（944），名护国寺。或许比较可信的推测是，这两个记载并不矛盾，第一次是始建，苏东坡记载的则是重修。

苏东坡谪居黄州时与安国寺结下了不解之缘，留下了《安国寺浴》《安国寺寻春》《应梦罗汉》《黄州安国寺记》等脍炙人口的诗文，后人还将寺旁边池塘辟为放生池，取名为"苏子瞻放生池"并勒石立碑。苏东坡在这里找到了精神上的慰藉和思想上的启迪，安国寺成为他静修、反思的场所，佛家思想的渗入帮助他解脱心灵的痛苦，升华人格精神，从而深刻影响了他的文学创作。

苏东坡在《黄州安国寺记》中详细记述了自己在黄州的生活和心路历程，他描述了安国寺的优美环境，以及自己在那里的参禅静坐，如何通过佛家的洗礼得到内心的宁静与清净。苏东坡在安国寺的体验，使他的文学创作更加深刻和丰富，其作品展现了超然旷达的人生观和深厚的佛学色彩。安国寺对苏东坡而言，不仅是一个物理空间，更是一个精神的家园。在这里，他得到了思想上的转变和文学上的启迪，这些变化反映在他的诗词、散文等文学作品中，使他的作品具有更加深邃的内涵和独特的艺术魅力。

# 第一节　安国寺的历史沿革

安国寺坐落于湖北东部、长江之滨的千年古城黄州，地接大别山脉，俯临万里长江。

据明弘治《黄州府志》载，该寺始建于唐高宗显庆三年（658），由郡人张大用于显庆二年捐地基，由僧人惠立创建，取名"护国寺"。至南唐时，因统治者倡佛，故举国上下竞相效尤，保大二年（944）在护国寺遗址上重修①。

北宋嘉祐八年（1063），宋仁宗御赐"安国"寺名，取"安国定邦"之义，并赐玉印一方，文曰"敕赐唐代祖庭安国禅林之宝"。玉印4寸见方，印钮为一龙首狮身坚兽，印文阳篆12字"敕赐唐代祖庭安国禅林之宝"。印侧有边款小字，因年久磨灭，难以辨认。

北宋天圣年间（1023—1031），时任黄州刺史韩琚的胞弟韩琦前来投奔兄长，被安排在安国寺内读书，"白昼青灯，风雨无息"，终于考中进士，并于宋仁宗嘉祐年间任枢密使，后官至宰相，为相十载，辅佐三朝，朝政清明，天下乐业，安国寺也因此而声名远播，成为江淮名刹，规模宏大。"堂宇斋阁，严丽深稳，悦可人意，至者忘归。"后人更在安国寺左建了"韩魏公书院"以追思先贤。

北宋元丰三年（1080）至七年，一代文豪苏轼客居黄州，因安国寺"茂林修竹，陂池亭榭"，环境优美，"间一二日辄往，焚香默坐，深自省察"，终于走出了内心的樊笼，心境豁然开朗，写下了《安国寺浴》《安国寺寻春》《应梦罗汉》《黄州安国寺记》《遗爱亭记》《安国寺论养生》等脍炙人口的诗文。安国寺参禅的经历也成为苏东坡人生的一个重要转折点，让他在黄州实现了文学创作的巅峰，成就了一代文豪东坡居士。在黄州期间，苏东坡

---

① 按：东坡《黄州安国寺记》记载："寺立于伪唐保大二年，始名护国，嘉祐八年，赐今名。"

图 3-1　安国寺玉印

图 3-2　今黄州安国寺全景

与寺内高僧继连结下了深厚友谊,两人共同为救济溺婴开展了大量的慈善
活动。继连和尚"知足不辱,知止不怠"的良言,令苏东坡如梦方醒,不仅
在心性修养上有所参悟,文学上的造诣亦有所突破。后来,苏东坡建议继

连和尚将寺内的竹间亭更名为遗爱亭，以纪念黄州太守徐君猷的德政，还将寺旁池塘辟为放生池，勒石立碑以纪。

北宋末年至南宋初年，金兵南侵，安国寺亦遭厄运。南宋乾道六年（1170），陆游自山阴（今浙江绍兴）赴任夔州（今重庆奉节）任通判，由运河、长江航道乘船而行，在八月十八日到达黄州城，十九日游安国寺等东坡遗址遗迹，并留下文字记载：

> 出城五里，至安国寺，亦苏公所尝寓。兵火之余，无复遗迹，惟绕寺茂林、啼鸟，似犹有当时气象也①。

淳熙五年（1178），陆游东归，六月路过黄州，再次探访苏东坡遗迹，写下《自雪堂登四望亭，因历访苏公遗迹至安国院》：

> 我醉飞屐登屏颜，拄杖出没风烟间。三山葱昽鲛鳄静，九关肃穆虎豹闲。
> 几年金骨炼绿髓，此日始得穷跻攀。老仙归侍紫皇案，空有野水流淙潺。
> 蜿蜒翠阜围绿野，似岭非岭山非山。向来龙蛇满雪壁，雷电下取何时还。
> 名花亦已天上去，居人指似题诗处。九十一翁不识公，我抱此恨知无穷。

又在诗末尾自注："安国院老僧景滋年九十一，自言东坡去黄后四年方生。"面对苏东坡离开黄州四年之后才出生的景滋，看到荡然无存的遗迹，他也只能对着茂林啼鸟悲叹了。

元朝时，安国寺得以修复。元末战乱，安国寺又毁于兵火。

---

① （宋）陆游：《入蜀记》。

明洪武元年(1368)，黄州城由南往北移。洪武七年，僧人云亭重修安国寺。宣德七年(1432)又加以培修。正德元年(1506)，安国寺祭祀唐代著名战将张巡的"睢阳张公祠"被毁。万历二十四年(1596)安国寺得以再次复修。明朝后期，安国寺无人修复，荒凉破旧。

至清初，僧人三昧寂光、晦山戒显来山弘化，使得寺院规划得以扩大，曾有诗人赞安国寺"曲槛幽榭""绀宇琳宫相辉映，邑宿之精庐，亦先贤之别业也"。清咸丰、同治年间，太平军占领黄州，将安国寺焚毁。此后，安国寺长期荒废，至光绪二十二年(1896)，僧人募捐集资重修，安国寺又呈一定规模。

明清之季，楚风东渐，黄州文化昌盛，人才辈出，给安国寺的发展带来了新的契机。寺院先后办有韩魏公书院、阳明书院、睢阳书院、蒋公书院，聚集了一大批硕学贤德之人，在这里开坛授课，培养了大量人才，推动了地方文化的交流发展，一代大儒王阳明亦曾亲自来此

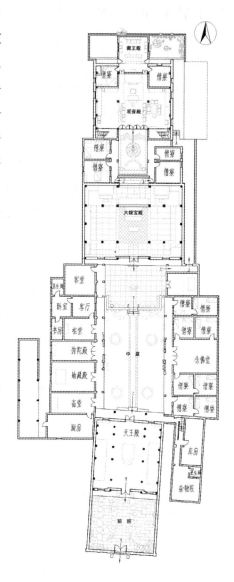

图3-3 今安国寺平面图

讲学论道。这里还留有一代忠勇张巡将军显圣的传说，有书画大家董其昌的墨迹，有天下第一廉吏于成龙的题词。文人骚客齐游黄州，前来安国寺

访古作文者更是不胜枚举，诸如士林领袖陶梁、一代状元陈沆、忠节贤士王子云等。

1927年，北伐革命军进入黄州后，曾一度号召民众"打菩萨"，使安国寺的佛像受到一定程度的损毁。至1949年，安国寺虽破旧，但整体格局尚存，仍为江淮名刹。

清末民国时期，受"庙产兴学"政策之影响，安国寺殿宇僧舍被毁严重。幸有光福寺醉疯和尚矢志修复，功绩甚大。现今寺内仍然藏有黄冈籍爱国将领方本仁为醉疯和尚塔院题额的"福公塔院"石碑。近代以来，与安国寺僧人有着密切交往的更有新儒家领袖熊十力、军阀吴佩孚等。

中华人民共和国成立初期，安国寺建筑面积约1400平方米。"文化大革命"中，安国寺房屋先后被部队、工厂、建筑队等八家机构使用，至20世纪80年代才部分收回，仅存门楼、三座殿宇和部分小房。1982年10月，安国寺被黄冈县人民政府公布为县级重点文物保护单位，使用单位为黄冈地区宗教事务局。1986年后，显光法师重回安国寺，四处奔走呼吁，收回部分被占土地，修葺大雄宝殿、观音殿、天王殿及山门，重塑菩萨、海岛及各大天王，增修寮房，恢复寺内秩序，安国寺重现生机。1992年，黄冈县撤县设市（县级市），安国寺由黄州市博物馆负责文物保护管理。1996年，黄冈地区行政公署设为黄冈市，原黄州市改为黄州区，安国寺交由黄州区宗教事务局管理、使用。1997年，安国寺内建筑青云塔被湖北省人民政府公布为省级重点文物保护单位。2005年8月，黄冈市人民政府将安国寺公布为第一批市级重点文物保护单位，同时公布了保护范围和建设控制地带。

## 第二节　北宋名相韩琦读书处

北宋天圣年间（1023—1031），韩琦之兄韩琚任黄州知州，将黄州治理得井井有条。韩琦云："余兄天圣中，尝抑齐安守……兄材无不宜，吏治敦可偶。"韩琦因父母去世，家中无法安身，便由安阳来黄州投靠兄长。韩璩就在安国寺寻一安静之处，让他闭门苦读诗书，以图日后学有所成。

韩琦在安国寺中"白昼青灯，风雨无怠"，勤奋读书，同时也遍览黄州山水名胜，他在《孙贲书记以齐安旧文为示感而成咏》①中写道："临江三四楼，次第压城首。山光拂轩楹，波景撼窗牖。原鸽款集中，万景皆吾有。"

在黄州安国寺读书，使其成为才华横溢的饱学之士，治国韬略，尽悉心中。天圣五年(1027)，韩琦以弱冠之年考中进士，名列第二。

韩琦(1008—1075)，字稚圭，自号赣叟，河南安阳人，北宋政治家、名将。韩琦的一生功勋卓著，他相三朝、立二帝，相继辅佐宋仁宗、宋英宗和宋神宗三位皇帝，扶立宋英宗和宋神宗两位皇帝，为北宋中期的最高权力平稳过渡起到了重要的稳定作用；他在20岁弱冠之年通过科举，考中榜眼，走上仕途，相继在山东、河南、江苏、陕西、河北等地为官，为官一任，造福一方，是深受百姓爱戴的一代名臣；尤其值得一提的是，他曾经在北宋中央政府担任宰相10年，在担任宰相期间，调处两宫，协调了宋英宗和曹太后之间的关系，稳定了北宋朝廷的政治局面，展现了高超的政治智慧；在保卫国家主权和领土完整这一国家核心利益面前，他以文臣身份大力进行兵制改革，举荐北宋著名文臣范仲淹，并和范仲淹一起抵御西夏入侵，捍卫了中原农耕文明的稳定和发展；面对北宋积贫积弱的局面，由他倡导，揭开了"庆历新政"的政治改革，他和范仲淹、富弼、欧阳修等著名文臣一起推动北宋王朝政治革新，为推动中国历史发展做出了卓越的贡献。

韩琦的著作有《二府忠论》5卷、《谏垣存稿》3卷、《陕西奏议》50卷、《河北奏议》30卷、《杂奏议》30卷、《安阳集》50卷及《家传集》等。

韩琦去世9年后，元丰七年(1084)十月二十六日，离开黄州仅有半年的苏东坡以汝州团练副使的名义在《书韩魏公黄州诗后》写道：

---

① 按：今人误此诗名为《涵辉楼诗》，非也。

黄州山水清远，土风厚善，其民寡求而不争，其士静而文，朴而不陋。虽闾巷小民，知尊爱贤者，曰："吾州虽远小，然王元之、韩魏公尝辱居焉。"以夸于四方之人。元之自黄迁蕲州，没于蕲，然世之称元之者，必曰"黄州"，而黄人亦曰"吾元之也"。魏公去黄四十余年，而思之不忘，至以为诗。

夫贤人君子，天之所以遗斯民，天下之所共有，而黄人独私以为宠，岂其尊德乐道，独异于他邦也欤？抑二公与此州之人，有宿昔之契？不可知也。元之为郡守，有德于民，民怀之不忘也固宜。魏公以家艰，从其兄居耳，民何自知之？《诗》云："有斐君子，如金如锡，如圭如璧。"金锡圭璧之所在，瓦石草木被其光泽矣，何必施于用？

奉议郎孙贲公素，黄人也，而客于公。公知之深，盖所谓教授书记者也。而轼亦公之门人，谪居于黄五年，治东坡，筑雪堂，盖将老焉，则亦黄人也。于是相与摹公之诗而刻之石，以为黄人无穷之思。而吾二人者，亦庶几托此以不忘乎？

# 第三节　苏东坡洗心沐浴

元丰二年（1079）底，苏轼被贬黄州。抵达黄州后，他常来往于黄州城最大的寺院安国寺，"间一二日辄往"，"旦往而暮还者，五年于此矣"。寺院风景优美，"茂林修竹，陂池亭榭"，"严丽深稳，悦可人意"，加上寺院薪炭充足，常有热水供寺僧洗用，在僧首继连大和尚的关怀下，苏东坡在此频繁地活动，沐浴、焚香、默坐，"深自省察"，"尘垢能几何，翛然脱羁梏。披衣坐小阁，散发临修竹"，觉得不仅洗掉了"身垢"也洗掉了心上的"荣辱"，并表示"心困万缘空，身安一床足。岂惟忘净秽，兼以洗荣辱"，提醒自己要静心安心；面对茂林修竹，他舒适而惬意，仿佛胸有万窒，脱出牢笼，神清气爽。在给王定国的信中，他说"寓一僧舍，随僧蔬食""出入盖往村寺沐浴及寻溪傍谷钓鱼采药"(《与王定国》)，沐浴之外，他还会同渔夫、樵夫一起钓鱼、采药，还常在寺中与僧人们一起素食，与僧人相处，让他的生活变得简单，思想也渐渐变得纯粹起来。

《安国寺浴》，作于元丰三年二月：

老来百事懒，身垢犹念浴。衰发不到耳，尚烦一月沐。山城足薪炭，烟雾蒙汤谷。尘垢能几何，翛然脱羁梏。披衣坐小阁，散发临修竹。心困万缘空，身安一床足。岂惟忘净秽，兼以洗荣辱。默归毋多谈，此理观要熟。

《安国寺寻春》，作于元丰三年二月：

卧闻百舌呼春风，起寻花柳村村同。城南古寺修竹合，小房曲槛欹深红。看花叹老忆年少，对酒思家愁老翁。病眼不羞云母乱，鬓丝强理茶烟中。遥知二月王城外，玉仙洪福花如海。薄罗匀雾盖新妆，快马争风鸣杂珮。玉川先生真可怜，一生耽酒终无钱。病过春风九十日，独抱添丁看花发。

《黄鄂之风》，作于元丰三年三月：

近闻黄州小民，贫昔生子多不举，初生便于水盆中浸杀之，江南尤甚，闻之不忍。会故人朱寿昌康叔守鄂州，乃以书遗之，俾立赏罚以变此风。黄之士古耕道，虽椎鲁无它长词，然颇诚实，喜为善。乃使率黄人之富者，岁出十千，如愿过此者，亦听。使耕道掌之，多买米布绢絮，使安国寺僧继连书其出入。访间里田野有贫甚不举子者，辄少遗之。若岁活得百个小儿，亦闲居一乐事也。吾虽贫，亦当出十千。

《遗爱亭记》代巢元修，作于元丰六年四月：

何武所至，无赫赫名，去而人思之，此之谓遗爱。夫君子循理而动，理穷而止，应物而作，物去而复，夫何赫赫名之有哉！东海徐公君猷，以朝散郎为黄州，未尝怒也，而民不犯；未尝察也，而吏不欺；终日无事，啸咏而已。每岁之春，与眉阳子瞻游于安国寺，饮酒于竹间亭，撷亭下之茶，烹而饮之。公既去郡，寺僧继连请名。子瞻名之曰"遗爱"。时谷自蜀来，客于子瞻，因子瞻以见公。公命谷记之。谷愚朴，羁旅人也，何足以知公？采道路之言，质之于子瞻，以为之记。

《记张公规论去欲》，作于元丰六年八月。一作《养生难去欲》：

太守杨君素、通判张公规邀余游安国寺。座中论调气养生之事。余曰："皆不足道，难在去欲。"张云："苏子卿啮雪啖毡，蹈背出血，无一语少屈，可谓了死生之际矣。然不免为胡妇生子，穷居海上，而况洞房绮疏之下乎！乃知此事不易消除。"众客皆大笑。余爱其语有理，故为录之。

《与徐司封》①，作于元丰六年：

适辱车骑宠存，感怍无穷。晚来尊体佳胜？某与陈君略出至安国，遂觉拙疾稍作。欲告明日少休，后日恭与盛集，可否？无状，惭

———————————

① 司封，官名，唐武后光宅元年（684）改主爵郎中为司封郎中，主管封爵、袭荫、褒贬等事。

负多矣。幸甚。

《黄州安国寺记》，作于元丰七年四月六日：

元丰二年十二月，余自吴兴守得罪，上不忍诛，以为黄州团练副使，使思过而自新焉。其明年二月，至黄。舍馆粗定，衣食稍给，闭门却扫，收召魂魄，退伏思念，求所以自新之方，反观从来举意动作，皆不中道，非独今之所以得罪者也。欲新其一，恐失其二。触类而求之，有不可胜悔者。于是喟然叹曰："道不足以御气，性不足以胜习。不锄其本，而耘其末，今虽改之，后必复作。盍归诚佛僧，求一洗之？"得城南精舍曰安国寺，有茂林修竹，陂池亭榭。间一二日辄往，焚香默坐，深自省察，则物我相忘，身心皆空，求罪垢所从生而不可得。一念清净，染污自落，表里翛然，无所附丽。私窃乐之。旦往而暮还者，五年于此矣。

寺僧曰继连，为僧首七年，得赐衣。又七年，当赐号，欲谢去，其徒与父老相率留之。连笑曰："知足不辱，知止不殆。"卒谢去。余是以愧其人。七年，余将有临汝之行。连曰："寺未有记"，具石请记之。余不得辞。

寺立于伪唐保大二年，始名护国，嘉祐八年，赐今名。堂宇斋阁，连皆易新之，严丽深稳，悦可人意，至者忘归。岁正月，男女万人会庭中，饮食作乐，且祠瘟神，江淮旧俗也。四月六日，汝州团练副使眉山苏轼记。

《题连公壁》，作于元丰七年四月：

俗语云："强将下无弱兵。"真可信。吾观安国连公之子孙，无一不好事者，此寺当日盛矣。

春天的安国寺更是踏青的好去处。元丰三年(1080)二月，到黄州不久的苏东坡就游览了安国寺，《安国寺寻春》写道："卧闻百舌呼春风，起寻花柳村村同。城南古寺修竹合，小房曲槛欹深红。"这诗的前四句写诗人因闻鸟鸣而寻花柳，他的情绪无疑是欢快愉悦的，可"看花叹老忆年少，对酒思家愁老翁"，面对春光他仍然有了春愁，有了人生易老的感叹，而这恰恰是他希望得到解脱的精神困境。后来"寻春"成了他和黄州的朋友们每年固定的活动，"每岁之春，与眉阳子瞻游于安国寺，饮酒于竹间亭，撷亭下之茶，烹而饮之"(《遗爱亭记》)，与前后两任黄州太守徐大受(君猷)、杨君采(素)的交游活动也常在此进行。

苏东坡在黄州期间创作了大量与安国寺相关的诗文，按照时间顺序有：元丰三年二月，刚到黄州的他沐浴、春游后创作《安国寺浴》《安国寺寻春》；元丰四年正月，他夜宿团风(今湖北黄冈团风)，梦一僧人面部被击破，第二天过麻城歧亭，果然见庙中一罗汉残破，他将罗汉运往黄州修复并放于安国寺，四月写下《应梦罗汉》；元丰六年，因送别太守徐大受(字君猷)而聚会安国寺，他在竹间亭代巢谷写下《遗爱亭记》；元丰七年四月，即将离任的他到安国寺与僧首继连话别，应邀题写《黄州安国寺记》，后继连将此文刻于石。虽然韩琦已于熙宁八年(1075)去世，但年轻的苏轼曾在汴京与韩琦相识，韩琦出将入相的人生经历激励着他，所以到黄州后他常流连于"韩魏公祠"，与此处有关的创作有《书韩魏公黄州诗后》《祭魏国韩令公文》《梦韩魏公》等，表达了对韩琦的敬重和景仰。

据传，苏东坡还曾在安国寺之侧购置一池塘，将乌龟、鳖鱼等在此放生，并亲书"放生池"三字勒石于旁，将池塘取名为"苏子瞻放生池"，清代徐惺过此作《安国寺放生池记》，以追怀苏东坡。

## 第四节　安国寺出土的宋代文物

自 2001 年始，黄州安国寺开始有计划地建设新大雄宝殿、天王殿、观音殿，2002 年新建大雄宝殿的地基开挖，规划建筑面积 2300 平方米，高 24 米。大雄宝殿的桩基础施工采用低承台桩基、人工挖桩的方式，在施工过程中，泥土被带出桩基口，在地下 2~5 米以下挖出的土壤中采集到大量碎瓷片等遗物，通过分类分析，这批瓷片多为景德镇湖田窑青白瓷和吉州窑黑釉瓷，器形分别以碗和茶盏为主。

图 3-4　安国寺出土的湖田窑瓷片

## 一、景德镇湖田窑

湖田窑位于景德镇市东南湖田村。创烧于五代，至宋代成为影青瓷的主要产地，产品居景德镇诸窑之冠。五代时烧造青瓷和白瓷，青瓷胎色青灰，白瓷洁白，产品以盘、碗为主。

宋代湖田窑装饰方法有刻花、划花、印花、雕花。划花始于北宋早期，以北宋—南宋早期最为流行。划花青白瓷，一般采用一边深、一边浅的所谓"半刀泥"的刻花法，所刻线条有深有浅，有宽有窄，参差不齐，变化多端。瓷器在烧造时，刻纹深处积釉厚而呈绿色，浅处为白与青绿之间的中间色。

北宋中晚期是湖田窑的鼎盛繁荣期。其制瓷工艺炉火纯青，青白瓷器物品空前增多，造型丰富多彩，出现大量陈设瓷、人物雕塑等新器型，装饰手法多样，制作规整，胎体洁白细腻，有些胎薄如蛋壳，几可透光，瓷化程度高，胎釉结合良好，少脱釉及冰裂开片现象，釉色纯正的青白色，晶莹剔透，滋润可人，获得"饶玉"之美称。除主烧青白瓷外，还兼烧少量青瓷、白瓷、黑釉瓷等。

## 二、吉州窑

吉州窑在今江西省吉安永和镇，吉安在唐宋时称吉州，故名吉州窑，也称永和窑，是中国古代江南地区著名的民间瓷窑，始于晚唐，发展于北宋，极盛于南宋，元以后逐渐衰落。其窑址分布于今江西省吉安县永和镇为中心的赣江两岸，主窑场有彭家窑、永和窑、临江窑等。

该窑的产品种类繁多，有建窑的黑釉瓷，有定窑的白釉瓷，有景德镇的青白釉瓷，有仿"哥窑"的百圾碎瓷，还有磁州窑的白地黑花釉瓷等，虽是五花八门，但各有特色。在这些产品中以黑釉瓷独具风格，如玳瑁斑、鹧鸪斑、剪纸贴花、木叶纹釉等最负盛名，还有绘花、剔花、描金、堆塑和文字等。

图 3-5　安国寺出土的吉州窑瓷片

吉州窑产品的胎有两种：一是瓷胎，有土黄色、米黄色和灰青色等；二是缸胎，有酱紫色和泛青的紫黑色。无论是瓷胎或缸胎，其胎质都比较粗松，胎体厚重。器物有碗、杯、盏、瓶、罐、炉、枕、盒、玩具及人物佛像等。釉色有青釉、白釉、青白釉、黑釉、绿釉、酱釉等多种。

宋代，随着经济的大发展，包括书法、绘画在内的文化艺术随之迅速发展，涌现出众多有一定文化水平的民间艺人，极大地丰富了社会文化市场，加之宋代几位皇帝对书画艺术的推崇，更使社会文化氛围愈发浓厚。吉州窑的工匠们在磁州窑白地黑绘技法的启发下，吸收了深受人们喜爱的传统水墨画和书法艺术的技法，创造了具有水墨画风格的彩绘瓷画艺术，与磁州窑一起开启了我国瓷器彩绘装饰的新纪元。这种彩绘瓷，将黑褐色的图案装饰在米黄色的瓷胎上，黑白分明，对比强烈，突出了作品神形兼备的神韵，深化了吉祥如意的主题，体现出清新雅致、富于情趣的艺术风格，给人以美的感受。

施工中挖出的大都是瓷碗残片，由此可见，北宋时期这个区域宋代人活动频繁，这些瓷碗承担着黄州人日常生活中进食的功能，而黑色茶盏的使用则与北宋斗茶相关。

从安国寺出土的影青釉瓷碗残片来看，瓷碗造型以简洁和实用为主，有北宋时期的鼓腹高足碗，圈足高，底厚，碗口成一道窄窄的线边或微微外撇的式样。作为饮食器皿的碗类，所装盛的多是较热的食物，圈足高，端拿时就有不烫的优点，人们使用它就比使用矮足碗要舒适得多。

北宋后期的浅弧壁碗残片，有的瓷片上出现的几何纹饰，划花飘逸洒脱。少量瓷片有精美图案，寥寥几笔就将花簇的意境表达得淋漓尽致，以划花等手法，使装饰图案更加活泼、精美。所刻出的每一根

图3-6　（元）赵孟頫《斗茶图》

线条都有深浅变化，青白釉就像一汪清泉隐现在这种深浅变化之中，刀法奔放潇洒、图案虚实相间、釉色介于青白二色之间，青中泛白、白中透青，风格独特，具有鲜明的时代特征。出土瓷片中还有一部分"芒口"瓷碗残片。"芒口"是盘、碗等在上釉时专门在其口沿边上留出一圈不上釉，或在上釉后专门修去口沿边上的一圈釉，让口沿露出胎骨，再入窑烧制，器物烧后口沿形成一圈涩胎，一般称为"芒口"。湖田窑北宋中后期为提高产

量采用垫钵覆烧法，烧出的"芒口"影青瓷，主要以一般民用品为主。青白釉碗底残片，胎质坚硬，胎壁较薄。碗内壁和内底心分别刻花纹，碗外壁和圈足内壁均为素面。碗内外及圈足外壁施青白釉，釉层很薄。芒口碗残片，胎色灰白，胎质坚硬，胎壁较薄。口沿刮釉形成芒口，外壁素面无纹饰。芒口以外均施青白釉，釉层很薄。外壁口沿残留有一层薄薄的黑色附着物，推测应为芒口银扣装饰残留物。

安国寺出土的黑色茶盏残片，反映了宋代饮茶习俗中黑色茶盏的流行。宋代饮茶习俗与唐代的重大区别是：唐代的茶一般为绿色，青瓷碗与白瓷碗并重；而宋代茶色尚白，又兴起了斗茶之风。斗茶胜负的标志为茶是否粘附碗壁，哪一方的碗上先形成茶痕，即为输家。这和茶的质量及点茶的技术都有关系。为适应斗茶之需，宋代将白色的茶盛在深色的碗里，对比分明，易于检视。蔡襄曾在《茶录》中指出："茶色白，宜黑盏。""其青白盏，斗试家自不用。"可见宋代特别重视黑釉茶盏。

宋代袁文在《瓮牖闲评》中写道："自唐至宋，以茶为宝，有一片值数十千者，金可得，茶不可得也，其贵如此。而前古止谓苦茶，以此知当时全未知饮啜之事。苏东坡诗所谓'茗饮出近世'者，不可谓无所本也。"可见当时饮茶之风盛行。宋代饮茶多用点茶法，茶瓶口部圆峻，器身与器颈增高，把手的曲线也变得很柔和。茶托的式样更多，托圈一般均较高，有敛口的，也有侈口的，而且许多托圈内中空透底。福建建阳水吉镇建窑烧造的茶盏釉色黝亮似漆，其上有闪现圆点形晶斑的，也有闪现放射状细芒的，前者称油滴盏，后者称兔毫盏。苏东坡曾写道："旗枪争战，建溪春色占先魁。""老龙团，真凤髓，点将来。兔毫盏里，霎时滋味舌头回。"有的瓷盏底刻"供御""进"等文字，表明这里曾有向朝廷进奉的贡品。江西吉安的吉州窑也产黑瓷盏，以玳瑁斑、木叶纹和剪纸纹等装饰著称。其中，木叶纹是将一片经过处理的桑叶粘附碗内，施釉后经高温烧制，桑叶的脉理遂显于釉面，生动自然，妙趣天成，历来受到珍视。由于这类茶具风行天下，生产白瓷的北方窑口，这时也部分烧造黑瓷，如定窑生产的鹧鸪斑黑釉盏、磁州窑生产的铁锈花黑釉盏等，亦各擅其胜。宋代的其他窑系如浙江龙泉窑、陕西耀州窑、河南钧窑、江西景德镇窑等众多瓷窑，也都大量烧造茶盏和其他茶具，且均有佳作传世。不过因为它们的产品不完全符合斗茶的特殊要求，所以对反映宋代的饮茶艺术而言，就不如黑釉瓷盏有代表性了。

## 第五节　遗址定位

宋代以后的元、明、清至近代，安国寺屡遭兵火，屡毁屡建，但位置基本上都在宋代安国寺原址处。安国寺在黄州宋城遗址的西南，其西、南滨江，遗爱亭推测应在安国寺地势较高的西北处。

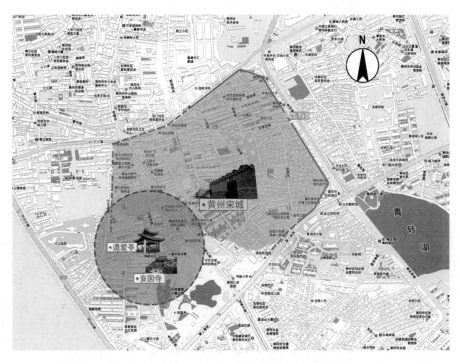

图 3-7　安国寺与遗爱亭位置图

# 第四章　临皋亭、夏澳、南堂

　　元丰三年(1080)五月二十九日，苏轼的家人陆续来到黄州和他团聚，局促的定惠院里不够住了，于是黄州长官就把他挪到了临皋亭，此处房间多一些，够住人。临皋亭就在长江边，往外走80步就能到长江中汲水。临皋亭又名回车院、临皋驿、临皋馆，始建于北宋初年，是黄州城城南长江之滨的驿站，黄州州府用来接待驿使和官员的地方。与临皋亭临近的有夏澳和南堂。

图 4-1　临皋亭意境(文徵明《浒溪草堂图卷》)

　　按照宋代朝廷的规定，受贬官员无资格居住在官舍，而驿站亦算官舍。苏东坡能得以迁居临皋亭，首先是得到了黄州太守徐君猷的帮助，其次有鄂州太守朱寿昌从中予以疏通，所以在迁居之后，苏东坡给朱寿昌写了封感谢信："已迁居江上临皋亭，甚清旷。风晨月夕，杖履野步，酌江水饮之，皆公恩庇之余波，想味风义，以慰孤寂。"

苏东坡在黄州居住的临皋亭，是他文学创作生涯中一个非常重要的地方。在这里，他不仅得到了生活上的安定，更在精神上得到了极大的慰藉和创作灵感。他在《临皋闲题》中写道："临皋亭下不数十步，便是大江，其半是峨眉雪水，吾饮食沐浴皆取焉，何必归乡哉！江山风月，本无常主，闲者便是主人。"这段话体现了苏东坡旷达的人生态度和对自然美景的热爱。在临皋亭，苏东坡创作了大量脍炙人口的诗文，如《念奴娇·赤壁怀古》《临江仙·夜归临皋》等，这些作品不仅展现了他深厚的文学功底，更反映了他身处逆境时随缘自适、超然物外的心境，特别是《念奴娇·赤壁怀古》，被誉为"千古绝唱"，体现了苏东坡豪放的词风和对历史的深刻思考。

苏东坡在临皋亭的生活，也反映在他的其他诗文中。如《书临皋亭》所描绘的景象，表现了他在酒足饭饱后，欣赏自然美景时的惬意心情。而《迁居临皋亭》一诗，则抒发了他在迁居时的情感，展现了他面对困境时的乐观态度。临皋亭在苏东坡的文学生涯中占有举足轻重的地位。在这里，苏东坡不仅创作了大量传世佳作，更以其独特的人格魅力和文学才华，为后世留下了宝贵的精神财富。

苏东坡很喜欢长江之水，他自称饮用水和洗澡水都取自江中，这里的生活便利，使得他没有患思乡病，他觉得长江之水有一半来自峨眉雪山，所以他在临皋亭前饮用长江水，也算是饮用家乡之水。他以那独特的达观来看待自然之景，认为只要有闲心赏景，自己就是风月之主。那时苏东坡的儿女亲家范子丰也刚造了一处庭院，苏东坡拿临皋亭前的美景与之相较，"闻范子丰新第园池，与此孰胜？所不如者，上无两税及助役钱耳"。虽然这是戏谑之语，但可窥见移居之后他心情颇佳。

# 第一节　全家占江驿

临皋的意思是靠近水边的高地。"皋"字本义为泽边地，泛指岸边、水旁陆地①。

苏东坡迁居到临皋亭后在《与朱康叔》第五简中说："已迁居江上临皋亭，甚清旷。风晨月夕，杖履野步，酌江水饮之，皆公恩庇之余波，想味风义，以慰孤寂。"由此可知，是因为鄂州（今湖北武汉武昌）太守朱寿昌（康叔）的照拂，苏东坡一家才能够到临皋亭居住，否则，以他罪臣的身份，是没有资格住进驿站的。月底，苏辙送苏东坡的家眷王闰之等家小来到黄州，以后几年这里成为他们一家人在黄州的主要住所。

临皋亭本是一江边驿站，位于黄州城内，离长江边约80步，供公差途经暂住，在徐太守关照下，后来成了苏东坡一大家子的安身之所。就是这么几间简陋的小房子，在苏东坡的笔下却成了景色绝美之地。

## 一、迁居临皋亭

苏东坡有诗《迁居临皋亭》，作于元丰三年（1080）五月二十九日，表达他苦中有乐的感叹：

> 我生天地间，一蚁寄大磨。区区欲右行，不救风轮左。虽云走仁义，未免违寒饿。剑米有危炊，针毡无稳坐。岂无佳山水，借眼风雨过。归田不待老，勇决凡几个。幸兹废弃余，疲马解鞍驮。全家占江驿，绝境天为破。饥贫相乘除，未见可吊贺。澹然无忧乐，苦语不成些。

---

① 李学勤、赵平安：《字源》，天津古籍出版社、辽宁人民出版社2013年版，第917页。

《南乡子·春情》作于元丰三年五月二十九日迁居临皋亭之时。宋傅幹《注坡词》题作《黄州临皋亭作》，其词如下：

> 晚景落琼杯，照眼云山翠作堆。认得岷峨春雪浪，初来，万顷蒲萄涨绿醅。
> 春雨暗阳台，乱洒歌樱湿粉腮。一阵东风来卷地，吹回，落照江天一半开。

《与朱康叔二十首》其五：

> 已迁居江上临皋亭，甚清旷。风晨月夕，杖履野步，酌江水饮之，皆公恩庇之余波，想味风义，以慰孤寂。寻得去年六月所写诗一轴寄去，以为一笑。酷暑，万乞保练。

《与吴君采二首》（元丰四年十月）其二：

> 近日黄州捕私酒甚急，犯者门户，立木以表之。临皋之东有犯者，独不立木，怪之，以问酒友，曰："为贤者讳。"吾何尝为此，但作蜜酒尔。

《与王庆源》：

> 寓居临皋亭，俯迫大江，几席之下，云涛接天，扁舟草履，放浪山水间。客至，多辞以不在，往来书疏如山，不复答也。此味甚佳，生来未尝有此适。

《与司马光书》：

> 寓居去江无十步。

《徐使君分新火》，作于元丰五年三月：

　　临皋亭中一危坐，三见清明改新火。沟中枯木应笑人，钻研不然谁似我。黄州使君怜久病，分我五更红一朵。从来破釜跃江鱼，只有清诗嘲饭颗。起携蜡炬绕空室，欲事烹煎无一可。为公分作无尽灯，照破十方昏暗锁。

另有文一篇《书临皋亭》：

　　东坡居士酒醉饭饱，倚于几上。白云左缭，清江右洄，重门洞开，林峦坌入。当是时，若有思而无所思，以受万物之备，惭愧！惭愧！

　　这篇小品文表达了他居住临皋亭的清旷之思。透过他审美的眼光，我们至今仍能欣赏到以门为画框，以林壑山峦、白云清江为内容的江边景致。又有《南乡子》《满江红·寄鄂州朱使君寿昌》都写到临皋亭脚下的江水汇入了四川岷山、峨眉山的雪水，可以说居住在临皋亭一定程度上缓解了他的思乡之情。六月，在与范百嘉（子丰）的信中，苏东坡再次写到临皋亭，即《临皋闲题》：

　　临皋亭下不数十步，便是大江，其半是峨眉雪水，吾饮食沐浴皆取焉，何必归乡哉！江山风月，本无常主，闲者便是主人。闻范子丰新第园池，与此孰胜？所不如者，上无两税及助役钱耳。（《与范子丰八首》之八）

　　晨夕阴晴，风涛烟雨，临皋亭让苏东坡尽情领略了黄州如画的江山，激发了他文学艺术创作的激情，学界公认黄州时期是他一生创作的巅峰时期，而巅峰时期主要的代表作是元丰五年集中爆发式创作的，《赤壁赋》《后赤壁赋》《念奴娇·赤壁怀古》《寒食诗帖》等，它们都诞生于此。这里是黄州山水人文与苏东坡才华相互成就的最好见证，也是对人杰地灵的最好注解。临皋亭成为千古风流之地，对于黄州城的意义是不言而喻的。

《临江仙·夜归临皋》，作于元丰五年九月：

夜饮东坡醒复醉，归来仿佛三更。家童鼻息已雷鸣。敲门都不应，倚杖听江声。

长恨此身非我有，何时忘却营营。夜阑风静縠纹平。小舟从此逝，江海寄余生。

《浣溪沙》，作于元丰四年十二月：

十二月二日，雨后微雪。太守徐君猷携酒见过，座上作《浣溪沙》三首。明日，酒醒，雪大作，又作二首。

一

覆块青青麦未苏，江南云叶暗随车，临皋烟景世间无。雨脚半收檐断线，雪床初下瓦跳珠，归来冰颗乱粘须。

二

醉梦昏昏晓未苏，门前辘辘使君车，扶头一盏怎生无。废圃寒蔬排翠羽，小槽春酒滴真珠，清香细细嚼梅须。

三

雪里餐毡例姓苏，使君载酒为回车，天寒酒色转头无。荐士已闻飞鹗表，报恩应不用蛇珠，醉中还许揽桓须。

四

半夜银山上积苏，朝来九陌带随车，涛江烟渚一时无。空腹有诗衣有结，湿薪如桂米如珠，冻吟谁伴捻髭须。

五

　　万顷风涛不记苏，雪晴江上麦千车，但令人饱我愁无。翠袖倚风萦柳絮，绛唇得酒烂樱珠，樽前呵手镊霜须。

《记樊山》，作于元丰三年五月中旬：

　　自余所居临皋亭下，乱流而西，泊于樊山，为樊口，或曰"燔山"。岁旱燔之，起龙致雨，或曰樊氏居之，不知孰是？其上为卢州，孙仲谋泛江，遇大风，舵师请所之。仲谋欲往卢州，其仆谷利以刀拟舵师，使泊樊口，遂自樊口凿山通路归武昌，今犹谓之"吴王岘"。有洞穴，土紫色，可以磨镜。循山而南，至寒溪寺。上有曲山，山顶即位坛、九曲亭，皆孙氏遗迹。西山寺泉水白而甘，名"菩萨泉"。泉所出石，如人垂手也。山下有陶母庙。陶公治武昌，既病登舟，而死于樊口，寻绎故迹，使人凄然。仲谋猎于樊口，得一豹，见老母，曰："何不逮其尾？"忽然不见。今山中有圣母庙，予十五年前过之，见彼板仿佛有"得一豹"三字，今亡矣。

《书蒲永升画后》，作于元丰三年十二月十八日：

　　古今画水，多作平远细皱，其善者不过能为波头起伏，使人至以手扪之，谓有洼隆，以为至妙矣。然其品格，特与印板水纸争工拙于毫厘间耳。

　　唐广明中，处士孙位始出新意，画奔湍巨浪，与山石曲折，随物赋形，尽水之变，号称神逸。其后蜀人黄筌、孙知微皆得其笔法。始，知微欲于大慈寺寿宁院壁作湖滩水石四堵，营度经岁，终不肯下笔。一日，仓皇入寺，索笔墨甚急，奋袂如风，须臾而成，作输泻跳蹙之势，汹汹欲崩屋也。知微既死，笔法中绝五十余年。

近岁成都人蒲永升，嗜酒放浪，性与画会，始作活水，得二孙本意，自黄居寀兄弟、李怀衮之流，皆不及也。王公富人或以势力使之，永升辄嘻笑舍去。遇其欲画，不择贵贱，顷刻而成。尝与余临寿宁院水，作二十四幅，每夏日挂之高堂素壁，即阴风袭人，毛发为立。永升今老矣，画亦难得，而世之识真者亦少。如往时董羽、近日常州戚氏画水，世或传宝之；如董、戚之流，可谓死水，未可与永升同年而语也。元丰三年十二月十八日夜，黄州临皋亭西斋戏书。

从此文中可见临皋亭有西斋。《苏文忠公诗编注集成总案》载："元丰四年十二月为惟简作成都胜相院记。云云。王安石在金陵，客有自黄州来者，问子瞻近日何作。客曰：'曾醉卧临皋亭，起而作宝相记千余言，但点定一两字。'立索副本就月下读之，叹曰：'子瞻人中龙也。'"

## 二、宋画中的临皋亭建筑

乔仲常的《后赤壁赋图》为纸本，墨笔，卷轴（纵 29.5 厘米，横 560.3 厘米），现藏于美国堪萨斯州纳尔逊艺术博物馆，乃根据苏轼在元丰五年（1082 年）重游湖北黄州赤壁所写赋文创作的故事画。根据拖尾有赵德麟于宣和五年（1123 年）八月初七的跋文，可推知画作的创作年代应早于 1123 年。

乔仲常按东坡文意依情节描写，在尊重原文立意的基础上，充分地发挥自己的艺术想象力，分九段把不同时间、地点出现的人物、景物，运用连续空间转换的构图形式，巧妙地组织在一幅画面上。

乔仲常《后赤壁赋图》用连环画的表现方式再现了苏东坡游赤壁的场景，以《后赤壁赋》为蓝本来作画，这就如同我们今天把经典文学作品翻拍成影视作品一样，通过视觉形象的再现，让观者更加直观地感受文学作品中所描写的场景、人物故事、情绪等，是通过另外一种艺术形式来表现文学诗赋的创作，也可以让更多的观众去重新认识文学诗赋。

乔仲常《后赤壁赋图》是苏东坡写下《后赤壁赋》41 年后的绘画作品，

图 4-2　（北宋）乔仲常《后赤壁赋图》中的临皋馆（正面）

图 4-3　（北宋）乔仲常《后赤壁赋图》中的临皋馆（侧面）

乔仲常有条不紊地按照苏东坡《后赤壁赋》叙述作画，让观者仿佛置身其中，陪伴着苏子"携酒与鱼，复游于赤壁之下"。

　　乔仲常显然是非常崇拜苏东坡的，据说他是宋代大画家李公麟的外甥，而李公麟则和苏东坡的关系非常亲密，所以从这层关系来看，我们也不难明白乔仲常对苏东坡有着深刻的理解，能很精准地抓住苏东坡诗赋的真实意境。

画卷中的临皋馆建筑极为简陋，是一个典型的四合院建筑，外围的院墙用竹篱笆编制，形成院门、前院、正门、两厢(马房)、后堂、后间。院落依山而建，周边有竹林老松，古意盎然，院门外西南即为大江。

### 三、史籍记载

《齐安拾遗》载："夏澳口之侧本水驿，有亭曰临皋。郡人以驿之高陂上筑南堂，为先生游息。"

南宋人王象之在《舆地纪胜》中记述说："临皋馆，在朝宗门外。元名瑞庆堂，以故相秦公桧之父舣舟其下，秦公于是乎生。又有临皋亭，东坡曾寓居焉。……东坡故居，即今之临皋亭及临皋馆。后又居雪堂。"[1]同卷《古迹》中记载有："东坡故居。即今之临皋亭及临皋馆。后又居雪堂。"直到乾道六年(1170)，陆游路过黄州，探访遗迹，临皋亭仍在，他在《入蜀记》中记述说："十八日。食时方行，晡时至黄州。……泊临皋亭，东坡先生所尝寓，与秦少游书所谓'门外数步即大江'是也。烟波渺然，气象疎豁。……晚移舟竹园步，盖临皋多风涛，不可夜泊也。"八年后的淳熙五年(1178)，他东归路过黄州，再次探访苏东坡遗迹，创作有《月下步至临皋亭》：

芒鞋踏松阴，迨此船未发。清游岂无伴，三友风露月。

山川郁盘纡，鸥鹭浩灭没。当年老先生，想像散醉发。

浮生等昨梦，久已埋玉骨。吾侪幸强健，何事拘簪笏。

临皋亭在明代已不复存在。临皋亭东边的夏澳被改称为洗马池、藕池。

清代康熙《黄州府志》卷之二说："临皋亭，在县南，濒江，乃古之回

---

① (宋)王象之：《舆地纪胜》卷四十九，《黄州·景物下》。

车院也。苏轼曾寓居之。……久废。国朝康熙间知县李经政建亭于此，以憩行人。"

清代苏学专家王文诰曾于嘉庆四年（1799）七月二十六日至二十七日游览了黄州东坡诸胜，并在此行的记事中进行了回顾：诰于嘉庆四年……七月二十六日抵齐安，夜泊赤壁矶下。翌日，登赤壁。壁上为公祠，祠依山为高下，窈窕而幽邃。门屏刻王式丹手书《赤壁赋》。一出栏外，则江山数百里间，苍丛明练，皆奔赴阙下。因沿江而至朝宗门。门之左，峙江岸，为临皋。入门而左绕……多陂垅莳植之地，则东坡雪堂在焉。堂三楹，塌其右，中有"雪堂"二字榜，字古而劣，且失考订，公原榜为"东坡雪堂"也。余无所见，惟宋牧仲泥像在右，朝衣冠坐榛莽中而已。黄城瞰江而跨谷，在处皆黄泥之阪，一入公文便成幽胜。自临皋至东坡不及一里，故公得往来其间也①。

王文诰所记有误。此时黄州府城是明代所筑，当时已无"朝宗门"，且所记东坡位置在南门内"左绕"，实际是明代所恢复的纪念性地点。

四、明代墓志证方位

除文字记载外，临皋亭的方位还有一件出土文物的实证。

1991 年黄州修建贯通黄州南北的黄州大道时，在红沙嘴（今市委党校门前）发现了一座明代墓葬，从墓志铭得知是"明处士方公（一麟）暨妻严氏"合葬墓，时任黄州区博物馆馆长董子儒和许廷保二人将白矾石墓志铭碑带回馆中收藏，同时出土的两件明代官窑波涛隐纹黄釉瓷罐分别被市、区博物馆各收藏一件。

《明故处士方公暨妻严氏墓志铭》载，明故处士②方一麟，号似沙（1527 年 1 月 17 日至 1567 年 8 月 2 日），他是巡抚方任的次子。其妻严氏（1529 年 2 月 26 日至 1566 年 10 月 5 日），比方一麟早逝一年。方一麟的

---

① （清）王文诰：《苏文忠公诗编注集成总案》卷二十一。
② 按：处士原指有德才而隐居不愿做官的人，后来泛指没有做过官的读书人。

父亲方任，号近沙，黄冈县人，明嘉靖、隆庆年间的都御史。

方任在为次子方一麟撰写的墓志铭的开头写道："呜呼，临皋东絃（弦）青山有处士方公讳一麟号似沙暨妻严氏合葬之墓……"

此时，方任是以黄州临皋为坐标表明墓葬所在地，故写下了"临皋东絃青山"，指的是方氏墓葬在临皋东面的青山上，也可以说临皋在其墓的西边。对于"絃"的解释，《说文解字》说："弓弦也。从弓，象丝轸之形。"象丝轸之形，指"絃"的字形表现的是琴弦或弓弦系在弦柱的形象。"东絃"，实指方一麟这座合葬墓位于临皋东边直线方位上。

方氏墓地处今市委原党校门前，其正西方向为今文峰宝邸小区东南高岗，即宋代临皋亭位置所在。

图4-4　明代方一麟夫妻合葬墓墓志铭（拓片）

## 五、遗址定位

从苏东坡诗文中可知，临皋亭是"江驿"，地处"江上"，"俯迫大江""不数十步，即是大江"，"清江右洞"，"乱流而西，泊于樊山"；临皋亭的建筑中，有"西斋"。根据黄州宋城考古报告资料，宋城南门在今定惠院路与西湖一路交会处一带，其东南有"姆儿咀"高岗（今文峰宝邸小区东侧），应为临皋亭位置之所在。

# 第二节　长江边的夏澳码头

临皋亭的东边就是夏澳，苏东坡又称为"临皋港"。夏澳得名于北宋天禧元年（1017）夏竦出守黄州时，开凿的停船港口。

澳（音 ào），本义"水边陆地"。许慎《说文解字》曰："澳，隈厓也。其内曰澳，其外曰隈。"指江海边凹进去的地方，后引申为港湾，指江海边弯曲可以停船的地方。《苏东坡全集》和一些志书也写作隩（ào、yù），古同奥、墺，字本义有室内西南角、可定居的地方、河岸弯曲的地方等。按《康熙字典》释义，澳、隩、奥三字可通用。

## 一、夏澳码头的开凿

黄州城据长江之滨，又是南北陆路的中点，占据交通便利优势，南来北往、东奔西走之客人，均须在黄州城歇息。但城垣始终断断续续，防御功能较差，城内外界限不明。同时，黄州城作为滨江州城，因其位置"前界大江，后倚高阜"，南来北往的旅客逐渐增多。

北宋天禧元年（1017），时任黄州知州夏竦为了解决江水湍急、船舶无法停泊的问题，在江边凿水道为港，命名为"夏澳"。新建的黄州港有效促进了当地商业贸易的发展，使得经过的客商们船舶可以停泊，出行更加便利。苏东坡在《答李综书》中称："临皋港既开，往来蒙利无穷"，显然是指夏竦在临皋驿旁筑建港口之事，夏澳又被苏东坡称为"临皋港。"

该港口南宋时淤塞，乾道五年（1169），知州杨宜之亲率士民重开此港口。

南宋淳熙十一年（1184），商旅陆太等八人告发黄州税务暴行，官吏扣留大批船只于江上，夜间大风，坏船十只，沉盐2000余袋，并打碎其他大小船只50余只，死伤无数。从这次事故中也可看出黄州城商业贸易规模之大。商业活动的频繁，增强了黄州的知名度①。

## 二、乘船出行在夏澳

夏澳是苏东坡经常去的地方，这里见证了他与同乡、四川嘉州犍为人王齐万（子辩）及其兄王齐愈（文甫）的交往。

元丰三年（1080）二月，苏东坡刚到黄州定惠院住了十几天，除了儿子苏迈，一个老朋友也没有，心情茫然。这天，留着长胡子的老乡王齐万来访，邀请苏东坡在寒食日过江欢聚。20年前，苏东坡曾游历王氏兄弟家乡的藏书楼，作《犍为王氏书楼》一诗。此时在黄州忽遇故交，苏东坡欣然赋诗一首，以示喜悦之情：

> ……惟余旧书一百车，方舟载入荆江曲。江上青山亦何有，伍洲遥望刘郎薮。明朝寒食当过君，请杀耕牛压私酒。与君饮酒细论文，酒酣访古江之渍。

苏东坡对王家藏书之富记忆深刻，他乡遇故知的欣喜之情溢于言表，甚至目送王齐万乘舟到达长江对岸的武昌，他在《赠别王文甫》一文中第一次写到夏澳：

---

① 史智鹏、万保国：《古城黄州》，湖北省黄冈地区老龄委员会办公室1992年版，第71页。

仆以元丰三年二月一日至黄州，时家在南都，独与儿子迈来郡中，无一人旧识者。时时策杖至江上，望云涛渺然，亦不知有文甫兄弟在江南也。居十余日，有长而髯者，惠然见过，乃文甫之弟子辩。留语半日，云："迫寒食，且归车湖。"仆送之江上，微风细雨，叶舟横江而去。仆登夏隩尾高丘以望之，仿佛见舟及武昌，乃还。尔后遂相往来。及今四周岁，相过殆百数，遂欲买田而老焉，然竟不遂。近忽量移临汝，念将复去此而后期不可必，感物凄然，有不胜怀者。浮屠不三宿桑下，有以也哉。七年三月九日

在后来的四年之中，苏东坡与王氏兄弟往来百余次：

尔后遂相往来。及今四周岁，相过殆百数，遂欲买田而老焉，然竟不遂。

元丰七年(1084)三月，即将离开黄州的苏东坡有文《赠别王文甫》，四月，他离开黄州经过车湖，王齐愈留他居住两日，他再次写下《再书赠王文甫》①。

## 三、史籍记载

南宋人王象之在《舆地纪胜》言："夏澳，在州之西南二里许，夏英公守是州，凿水入陂以藏舟，名曰夏澳"，直接指出夏澳为夏竦守黄州时筑建。

南宋人祝穆在《方舆胜览》中说："夏澳，在州西南二里许。"

早于《舆地纪胜》与《方舆胜览》的《齐安拾遗》记载："夏澳口之侧本水驿，有亭曰临皋。"②

———————————

① 　《东坡志林》录有《别文甫子辩》。
② 　引自宋《施注苏诗》。

明代弘治《黄州府志》载："临皋馆，在府城南，即古临皋亭，宋苏轼初谪黄寓居此亭"，"夏澳，在府城西南二里"，"洗马池，在府城南二里，即古之夏澳，今名藕池"。

图 4-5 明弘治《黄州府志》府城图标识的洗马口位置

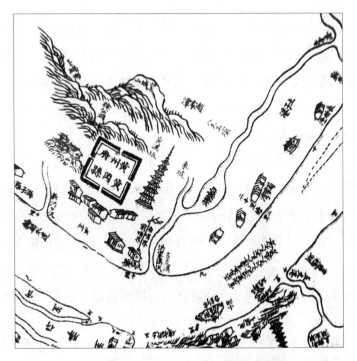

图 4-6 清代长江图"古夏澳"与东坡位置图

　　明代万历三十六年《黄冈县志》载："宋明道间夏竦守黄州，以府治滨江常苦风湍不利泊舟，凿陂于临皋驿东以止水维缆人皆便之。"首次将夏澳位置定在临皋驿(亭)东。

　　清康熙《黄州府志》卷之二说："夏隩(《通志》作西隩)在城西南隅二里，宋明道间，夏竦守黄郡，治滨江，尝苦风湍，不利泊舟，凿陂于临皋驿东，人皆便之。今洗马池其故陂也。"

　　清光绪八年《黄冈县志》："夏隩一作西澳，以东有长圻澳也。"

　　《湖北旧闻录》引宋代文献称"长圻澳旧立馆驿，为过客休憩之所，名曰东馆。"长圻澳即长圻隩，今称长圻塝。乾隆《黄冈府志》称其在城东五里(一说三里许)，恰与临皋亭东侧的夏隩相邻。其实两隩及两馆是互为参照物的：西隩因在长圻隩之西而得名，东馆得名因其在临皋馆之东①。

　　以上资料显示，宋代人只记录了夏澳为夏竦守黄州时"凿水入陂"所建，明弘治府志从之。从明万历府志开始，加入"明道间"的具体年代，此后清康熙以来的黄州府志对于"宋明道间，夏竦凿陂于临皋驿东"的记载言之凿凿，沿用不疑。查夏竦生平年谱，他在宋真宗天禧元年(1017)时三十三岁，因为家庭纠纷，被降职，授职方员外郎，知黄州②。《宋史·卷二八三》记载："竦娶杨氏……与弟婿疏竦阴事，窃出讼之；又竦母与杨母相诟詈，偕诉开封府，府以事闻，下御史台置劾，左迁职方员外郎、知黄州。"夏竦在明道元年(1032)时，时年四十八岁，刚刚任"参知政事加刑部侍郎，复为枢密副使"，并因修国史有功，受到迁官和赏赐。《玉海·卷四十九》记载："癸卯，书成，凡三十卷。……赐编修官王举正、李淑章服参详，冯元、夏竦、监修吕夷简第赐器币。明道二年(1033)夏

　　① 梁敢雄：《黄州夏隩港及临皋亭方位考——兼订正南宋地志中夏隩方位词之讹》，荆楚网手机报，2011 年 10 月。

　　② 孙刚：《夏竦年谱简编》，《古籍整理研究学刊》2014 年第 5 期。

竦等上注释《三宝赞》及皇太后发愿文。四月，两府大臣皆罢。夏竦罢为礼部尚书，知襄州，未行，改颍州。可见夏竦知黄州的时间在天禧元年而不在明道年间①。

四、遗址定位

夏澳不是某一处具体地点，而是北宋时期一条通向长江、可以泊舟、有通商码头的水港。至南宋时虽已淤塞，但临皋亭下仍可停舟，只是长江风涛较大不能"夜泊"②。《齐安拾遗》记载："夏澳口之侧本水驿，有亭曰临皋。"可见夏澳正在临皋驿之侧；苏东坡直呼夏澳为临皋港，可见夏澳实为临皋亭下临皋山岗之侧开凿的港口。

南宋以后，夏澳港淤塞，长江主航道南移，北岸逐渐被泥沙淤积成滩，民众围滩成田，夏澳原水道向北、向西收缩。明弘治《黄州府志》城图上"洗马口"位置在安国寺和韩魏公读书堂③以东，至清道光、光绪《黄州府志》，"洗马池"位置向西移动，直到标在安国寺的西侧，反映了自宋代至明、清夏澳港的变迁。

从永乐大典中辑选出来的北宋张舜民《郴行录》称："壬戌早次黄州，见知州大夫杨寀、通判承议孟震、团练副使苏轼，会于子瞻所居，晚食于子瞻东坡雪堂。……黄之士人出钱于州之城东隅地筑矶。"此说同样印证夏澳在宋城东隅，其在临皋馆东侧无疑。

---

① 明道是北宋时期宋仁宗赵祯的一个年号，使用时期为公元 1032 年至公元 1033 年，使用时间共计 2 年。
② 陆游《入蜀记》："十八日。食时方行，晡时至黄州。……泊临皋亭……晚移舟竹园步，盖临皋多风涛，不可夜泊也。"范成大《吴船录》："庚寅。发三江口。辰时过赤壁，泊黄州临皋亭下。"
③ 光绪《黄州府志》载："韩魏公书院石刻，在府南安国寺左，宋韩琦读书堂，董其昌书。"

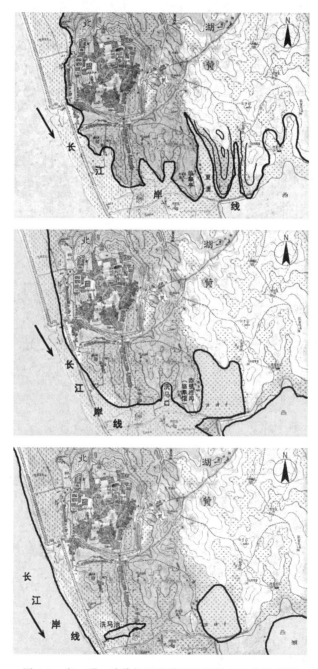

图 4-7　宋、明、清代长江岸线及洗马池(口)位置变迁

# 第三节 南 堂

南堂在江边高阜上，紧邻临皋亭。《齐安拾遗》记载：夏澳口之侧本水驿，有亭曰临皋。郡人以驿之高陂上筑南堂，为先生游息。《黄州东坡图》说："南堂在州治南一里，俯临大江。"南堂的得名，一是因其地处黄州城南，二是便于会客。

## 一、南堂

苏东坡所居临皋驿为驿站，家人居住较为狭窄，无法接待友人，而且夏季非常炎热，"西日可畏"。南堂的修建得益于友人的帮助。元丰五年（1082）十月，苏东坡的同榜及第进士蔡承禧（字景繁）任淮南转运副使，黄州隶属淮西路，在其管辖之内。蔡承禧巡视黄州，看到苏东坡居处窄小，就请黄州地方官帮助他营建新屋①。

第二年五月，三间新屋落成，就在临皋亭旁边的高坡之上，他取名为"南堂"。他写下七绝《南堂五首》借以抒发欣喜之情，同时把诗寄给蔡承禧。

《与蔡景繁十四首》：

### 其一

黄陂新令李吁到未几，其声蔼然，与之语，格韵殊高。比来所见，纵小有才，多俗吏。侪辈如此人殆难得。公好人物，故辄不自外耳。近葺小屋，强名南堂，暑月少舒。蒙德殊厚，小诗五绝，乞不示人。

《南堂五首》，作于元丰六年五月：

---

① （清）王文诰：《苏文忠公诗编注集成总案》。

图 4-8　南堂意境(清袁耀《扬州四景图》)

其一

江上西山半隐堤，此邦台馆一时西。

南堂独有西南向，卧看千帆落浅溪。

　　这首诗把南堂的地理位置和坐向都交代得十分清楚。南堂一改黄州"台馆"多为西向的风俗习惯，依地势面朝西南而建，避开烈日直射，又可卧看江南西山与大江风景。

其二

暮年眼力嗟犹在，多病颠毛却未华。

故作明窗书小字，更开幽室养丹砂。

其三

他时雨夜困移床，坐厌愁声点客肠。

一听南堂新瓦响，似闻东坞小荷香。

其四

山家为割千房蜜，稚子新畦五亩蔬。

更有南堂堪著客，不忧门外故人车。

其五

扫地焚香闭阁眠，簟纹如水帐如烟。

客来梦觉知何处，挂起西窗浪接天。

南堂面对长江，"卧看千帆落浅溪""挂起西窗浪接天""一听南堂新瓦响，似闻东坞小荷香"，千帆过尽，烟波浩渺，山水胜景尽收眼底。从此，他的居住条件得到极大的改善，虽然没有迁居于此，但南堂增加了苏东坡居室的腾挪空间，事实上成为他的书斋、丹室、客房和卧室。

苏东坡的《南堂五首》写好后，首先寄给弟弟苏辙，苏辙也为兄长高兴，随即和诗五首，以《次韵子瞻临皋新葺南堂五绝》为题，以示祝贺，从中可见同为文人对扩展居室的追求：

一

江声六月撼长堤，雪岭千重过屋西。

一叶轩昂方断渡，南堂萧散梦寒溪。

二

旅食三年已是家，堂成非陋亦非华。

何方道士知人意？授与炉中一粒砂。

三

北牖清风正满床，东坡野菜漫充肠。

华池自有醍醐味，丈室仍闻薝卜香。

四

邻人渐熟容赊酒，故客亲留为种蔬。

住稳不论归有日，船通何患出无车。

五

客去知公醉欲眠，酒醒寒月堕江烟。

床头复有三升蜜，贫困相资恐是天。

南堂是蔡景繁出面嘱咐黄州官府建造的，苏东坡从内心感谢他。南堂落成之后，苏东坡给蔡景蔡去信一封，以示谢意，信中说："临皋南畔，竟添却屋三间，极虚敞便夏，蒙赐不浅。"不久，苏东坡又将写好的《南堂五首》寄呈，并在信中说："近葺小屋，强名南堂。暑月少舒，蒙德殊厚。小诗五绝，乞不示人。"

蔡景繁名承禧，江西临川人，嘉祐二年（1035）进士，文章写得很好，与苏东坡常有诗词唱和。苏东坡将《南堂五首》寄给他，但叮嘱不要给他人看，可见《南堂五首》的内涵远不止从字面上理解的那么简单。

## 二、史籍记载

苏东坡与范之丰书云："临皋亭下不数十步，便是大江，其半是峨眉雪水，吾饮食沐浴皆取焉，何必归乡哉！"又与司马光书云："寓居去江无十步，风涛烟雨，晓夕百变，江南诸山在几席下，此幸未始有也。"又与蔡景繁书云："临皋南畔，竟添却屋三间，极虚敞便夏，蒙赐不浅。""近葺小屋，强名南堂。暑月少舒，蒙德殊厚。"

南宋人许端夫在《齐安拾遗》中记述说："夏澳口之侧本水驿，有亭曰临皋。郡人以驿之高坡上筑南堂，为先生游息。"

## 三、遗址定位

南堂在临皋亭之南，北倚高坡，其南临大江。

## 第四节　遗址定位

临皋亭、南堂、夏澳均处于黄州宋城的东南，其位置如图 4-9 所示。

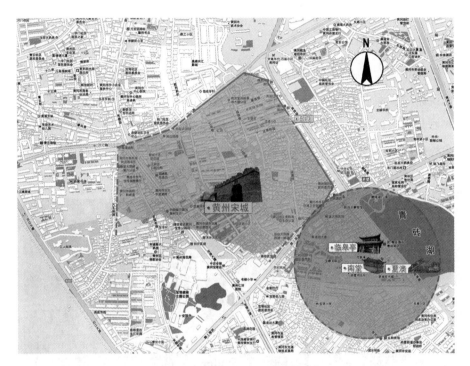

图 4-9　临皋亭、南堂、夏澳位置图

# 第五章　女王城、东禅庄院

　　苏东坡在黄州喜交朋结友，与黄州的隐士平民打成一片，闲话家常，侃说桑麻，谈古论今，诗酒风流，纵情黄州山水。其中，黄州城北郊的故邾城是苏东坡和朋友们的流连之地，当时俗称"女王城"，今称禹王城。苏东坡曾四次到过女王城，并写下七篇与女王城相关的诗文或书信。

图 5-1　黄州女王城与宋城、明清城相对位置图

# 第一节　苏东坡笔下的女王城

女王城在黄州城北郊，距苏东坡居住地约15里路，不远也不近，所以苏东坡造访女王城主要是在两种情形下进行，一是他与黄州潘大临、古耕道、郭遘等是好友，约定每年正月二十日到女王城踏青寻春，并以同韵作诗；二是居黄期间多次到麻城歧亭访陈慥，女王城正处于黄州到麻城的官道上，是苏东坡的必经之地。

元丰二年(1079)十二月二十八日，"乌台诗案"结案，苏东坡出狱，受到贬官黄州的处分："准敕，责授检校尚书水部员外郎，充黄州团练副使，本州安置，不得签书公事。"苏东坡自元丰三年正月一日从汴京(今河南开封)出发南下，经陈州(今河南淮阳)，正月十八，经蔡州，过新息(今河南息县)，渡淮河，至加禄镇南25里大许店，游光山净居寺。中旬末，进入黄州府麻城县境。正月二十日过麻城县春风岭，二十五日至歧亭，旧友陈慥迎接留住五日。二十九日离歧亭，三十日宿禅智寺(今团风县)。1080年二月一日，过黄州女王城，到达黄州贬所，寓居定惠院①。

这是苏东坡第一次过女王城。同行者有儿子苏迈和两名御史台差役。4年后，东坡离开黄州时写下《忆黄州梅花五绝》，其一曰：

> 郡城山下梅花树，腊月江风好在无？
> 争似姑山寻绰约，四时常见雪肌肤。

苏东坡第二次经过女王城，时在元丰四年正月二十日，苏东坡从黄州出发，准备到麻城歧亭访好友陈慥，黄州友人潘丙、古耕道、郭遘送至女王城，这时的女王城，起到了"十里长亭"的作用，成为黄州行旅之人北行的送别之地。苏东坡写下《正月二十日往岐亭，郡人潘、古、郭三人，送

---

① 东坡《子姑神记》云：元丰三年正月朔日，予始去京师来黄州。二月朔至郡。

图 5-2　今黄州禹王城东垣

余于女王城东禅庄院》诗：

> 十日春寒不出门，不知江柳已摇村。
> 稍闻决决流冰谷，尽放青青没烧痕。
> 数亩荒园留我住，半瓶浊酒待君温。
> 去年今日关山路，细雨梅花正断魂。

相比"去年今日"，女王城外此时流水破冰、碧草青青，加之三位友人相送，苏东坡歧亭会友的期待，心境已然恢复。

同年，苏东坡还对女王城进行了一番考证，并写下《记黄州故吴国》一文：

> 昨日读《隋书·地理志》，黄州乃永安郡。今黄州东十五里许有永安城，而俗谓之"女王城"，其说甚鄙野。而《图经》以为春申君故城，

亦非是。春申君所都，乃故吴国，今无锡惠山上有春申君庙，庶几是乎？

　　苏东坡此文否定了黄州女王城是春申君故城，也指明了女王城另一个名称即"永安城"。据明弘治《黄州府志》记载：女王城一是"楚黄歇所都。隋置永安郡，于此号永安城"。二是"楚王封其女之地，遂城而居之，乃楚先筑也。城中多土堆，俗呼女王城"。苏东坡所言女王城的传说"其说甚鄙野"，恐怕是指流传至今的"望夫墩裸身救夫"故事①。

　　《书孟东野诗》也提到元丰四年饮酒于"东禅"，亦即女王城外的东禅庄院：

　　　　元丰四年，与马梦得饮酒黄州东禅。……

　　苏东坡第三次到女王城是在元丰五年正月二十日，他与潘、郭相约出城踏青寻春，写下《正月二十日与潘、郭二生出郊寻春，忽记去年是日，同至女王城作诗，乃和前韵》：

　　　　东风未肯入东门，走马还寻去岁村。
　　　　人似秋鸿来有信，事如春梦了无痕。
　　　　江城白酒三杯酽，野老苍颜一笑温。
　　　　已约年年为此会，故人不用赋招魂。

　　苏东坡回想谪居黄州三年以来，"事如春梦"，如今已经适应了黄州生活，往事"了无痕"，放下一切，与友人相约年年出城踏青，安心做个黄州人，"何必归乡哉"！

----

　　①　史智鹏、朱伯儒、董志伟：《黄州邾城史话·村语民俗传往事》，长江出版社2014年版，第181页。

元丰六年，苏东坡第四次到女王城，又有和往年诗作，即《六年正月二十日，复出东门，仍用前韵》：

乱山环合水侵门，身在淮南尽处村。

五亩渐成终老计，九重新扫旧巢痕。

岂惟见惯沙鸥熟，已觉来多钓石温。

长与东风约今日，暗香先返玉梅魂。

苏东坡希望能够归朝奉职，这种希望在诗题里只说"复出东门"，含有寻春的意思，这个春天"暗香先返玉梅魂"，指梅花在正月里落地后再开，暗喻他在被罢斥后能再回朝。纪晓岚评价的"温雅可诵"正是这首诗的特点。

## 第二节　女王城的历史

女王城又名邾城，今名禹王城，位于湖北省黄冈市黄州区禹王街道办事处，地处黄冈市城区西北、黄(州)团(风)公路的西面约 30 米。春秋时期即有先民生活于此，战国晚期楚灭邾(在今山东省邹城市)，迁徙邾国君民于今址。秦属衡山郡，楚汉相争之际立衡山国为国都，西汉设淮南国、衡山国，后降为江夏郡、邾县，城池至东晋被毁。城址使用时间近 600 年。

**表 5-1　女王城历史沿革表**

| 时代 | | | 事件 | 隶属 | 备注 |
|---|---|---|---|---|---|
| 朝代 | 年号 | 公元纪年 | | | |
| 东周 | | 公元前 261 年至前 256 年之间 | 楚灭邾国，徙其君民于此 | 楚国邾县 | 始筑邾城 |

续表

| 时代 | | | 事件 | 隶属 | 备注 |
|---|---|---|---|---|---|
| 朝代 | 年号 | 公元纪年 | | | |
| 秦 | | 前 221 年~<br>前 206 年 | 秦设衡山郡，辖邾城 | 衡山郡 | 邾城为郡治 |
| 楚汉<br>相争 | | 前 206 年 | 项羽分封吴芮为衡山王 | 衡山国 | 为衡山王吴<br>芮王都 |
| 西汉 | 高祖五年 | 前 202 年 | 封吴芮为长沙王，王都迁长沙。<br>改衡山国地为衡山郡 | 淮南国 | 郡治<br>邾城 |
| | 文帝十六<br>年 | 前 164 年 | 封安阳侯刘勃为衡山王 | 衡山国 | 都邾城 |
| | 景帝四年 | 前 153 年 | 刘赐为衡山王 | | |
| | 武帝元狩<br>元年 | 前 122 年 | 衡山王刘赐反，兵败自杀。衡<br>山国废为衡山郡。次年废郡，<br>设邾县 | 江夏郡 | 邾城由国都<br>降为县治 |
| 东汉 | 永和三年 | 138 年 | 江夏盗贼杀邾长 | | |
| | 建安十二<br>年 | 公元 207 年 | 刘表部将黄祖任甘宁为邾长，<br>甘宁投吴 | 东吴 | 吴魏争夺，邾城<br>遂为军事重镇 |
| | 吴赤乌<br>四年 | 241 年 | 陆逊遣重兵 3 万守邾城 | | |
| 西晋 | 太康元年 | 280 年 | 晋将王戎伐吴，吴将孟泰以邾<br>县降 | 西晋 | 三国归晋 |
| 东晋 | 咸康五年 | 339 年 | 后赵大将张格度率兵 2 万攻邾，<br>邾城兵败城破，守将毛宝及残<br>兵 6000 人溺毙江边 | 东晋 | 邾城"自尔<br>丘墟" |

黄州邾城是战国时期邾国(今山东邹城)君民南迁所建①。北魏《水经注·江水篇》记载："江水又东径邾县故城南,楚宣王灭邾,徙居于此,故曰邾也。"②楚国灭邾的具体时间,当代学者何浩在《楚灭国研究》一文中认为是楚考烈王二年至七年,即公元前261—前256年。黄冈学者贺全斋先生认为"楚灭邾当在前261—前249年的12年之间"③,梁敢雄先生则考订为"可具体到前255年"即楚考烈王八年。

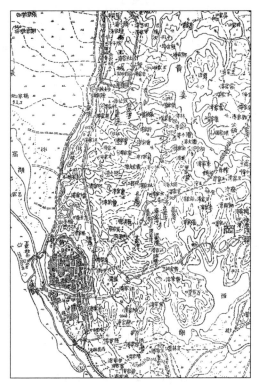

图 5-3    1927 年黄冈县地形图中的女王城(禹王城)

---

① 《太康地理志》云:"楚灭邾,迁其民于江南,因名县也。"(《史记·高祖本纪·索隐》注引),王隐《晋书地道记》云:"楚灭邾徙其君此城。"(《续汉书·郡国志》"邾县"条梁刘昭注引)

② 王先谦:《合校水经注》,中华书局 2009 年版,第 505 页。

③ 贺全斋:《邾城考辨》,《黄冈文史资料·第七集》黄冈市政协编 2004 年版。

此后，邾城的历史较为清晰。秦灭楚后置衡山郡，郡治邾城；楚汉相争之际为衡山国，都邾；西汉置衡山国，都邾；自汉武帝元狩二年(前121)至东汉末，邾城属江夏郡邾县，县治邾城；三国时期，邾城在魏、吴间易手；西晋属弋阳郡，东晋曾为西阳国都、西阳郡郡治，东晋咸康五年(339)，"为石虎将张格度所陷①，自尔丘墟焉"②；隋唐时期，这里称"永安城"或"永安戍"；宋初《黄州图经》中邾城故址就有春申故城、永安城、女王城之称③；明清时期，称为"吕阳三村""吕王城"，地方志则呼春申故城为黄歇垒④。至民国时期，禹王城地名出现在地图上，直至1951年，禹王城才首次作为黄冈县路口区10个乡之一成为行政区划名称⑤。

## 第三节　女(禹)王城考古成果⑥

为了配合湖北省首批省级考古大遗址公园的建设，加大对禹王城遗址的保护力度，2015年3月，湖北省文物考古研究所、黄冈市博物馆、黄州区博物馆组成专题考古队，对禹王城进行全面田野考古调查、勘探和试

---

① 《晋书·帝纪》作张貉。"(咸康五)九月，石季龙将夔安，李农陷沔南，张貉陷邾城，因寇江夏、义阳，征虏将军毛宝、西阳太守樊俊、义阳太守郑进并死之。"

② 《水经注·江水篇》曰："江水又东径邾县故城南，楚宣王灭邾，徙居于此，故曰邾也。汉高帝元年，项羽封吴芮为衡山王，都此。晋咸和中庾翼为西阳太守，分江夏立。咸康四年，豫州刺史毛宝、西阳太守樊俊共镇之。为石虎将张格度所陷，自尔丘墟焉。"

③ 苏轼：《记黄州故吴国》："今黄州东十五里许有永安城，而俗谓之'女王城'，其说甚鄙野。"

④ 明代万历《黄冈县志》"古迹"下记述："黄歇垒，在县北十五里，即永安城，楚黄歇所都，隋置永安郡于此。一呼女王城，或谓楚王封其女之地，遂城而居之。一作吕王城。"

⑤ 黄州区政协文史资料委员会：《黄州文化简史》，湖北人民出版社2021年版，第3页。

⑥ 朱俊英、刘焰、刘松山等：《湖北黄州禹王城考古发掘成果丰硕明确城址结构布局，确定始建、修补和废弃年代，判定城址性质》，《中国文物报》2017年6月16日8版。

掘。通过对城址 5 公里范围内的地理环境、人文环境、地形地貌进行系统调查，基本查明了城址周围遗址、墓地的分布状况，探明了城址的结构与布局，确定了城址的始建、使用、修补和废弃年代，判定了城址的性质。

禹王城位于湖北省黄冈市黄州区禹王街道办事处，地处黄冈市城区西北部。西距长江 3.7 公里，西北距武汉市城区约 65 公里。据相关文献记载，禹王城是东周时期楚国的军事重镇、秦汉时期衡山郡的郡治和衡山国的国都，也是晋代邾县的治所。湖北省人民政府于 2002 年将其公布为省级重点文物保护单位。

考古调查表明，禹王城的城墙用泥土夯筑，虽经几千年的风雨剥蚀及人为动土破坏，城址面貌发生了很大变化。但从目前的地表观察，城址四周的城墙仍高于城内外地表，凸显地面的城墙保存较好，城垣形状清晰可见，尤以南垣、东垣保存最好。暴露在地面的城垣横剖面呈梯形，高 3~7 米，面宽 11~15 米，底宽 24~35 米。城址东垣、南垣和北垣外有护城河环绕，护城河明显低于城内外地表，南垣、北垣外的河道仍然碧波荡漾。西垣临近长江，未发现护城河迹象。东、南、北城墙外的护城河距城垣很近，紧邻城外的墙基。护城河口宽 24~50 米、底宽 24~48 米。

城的西北、西南、东南拐角呈直角，东北角呈 45 度切角。城墙的西南拐角和东南拐角外各有一座大型夯土台基与拐角相连。西南角台基体量最大，台基呈南北向，长 20~30 米，宽 15 米，夯土台基略高于城墙 1~2 米。东南角台基略小，长 15~20 米，宽 10 米。西北拐角外地势较高，也可能有夯土建筑台基，但被民房覆压。城垣拐角外的夯土台基可能与军事烽火、瞭望观察之类设施有关。

钻探发现东、南、西垣中段及东北切角处各有 1 处缺口，可能是城址的城门遗迹。其中犹以东、南城门遗迹破坏较小，保存较好。东城门遗迹宽约 20 米，门道内南、北则各有一个用褐黄土夯筑的门墩，门墩与城垣不在一个立面上，门墩东、西长度比城垣宽度短 5 米。门墩长 22.5 米，宽 4 米。门墩将城门分隔成三个门道，中间门道宽 8 米，两侧门道宽 4 米。在中间门道内发现有零散的黑灰色路土,厚约 0.3 米。两旁侧门门道内,紧靠城垣发现有排水沟由城内流向城外护城河。

城内发现了四条残断的道路,其中一条道路由南城门通向城内。残长约 44 米、宽 5 米、厚 0.1~0.3 米。路土呈黑灰色,质地致密坚硬,探铲提取的土样呈粉末状。

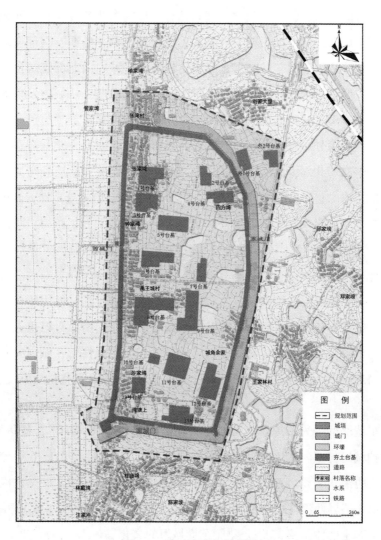

图 5-4　禹王城遗迹分布图

　　城内外钻探发现房屋建筑夯土台基17座，其中城内14座，城外3座。17座台基的形状多呈曲尺形，次为正方形，只有一座是"凸"字形。台基的面积最大者约3508平方米，位于城内东南部。面积最小者100平方米，位于西城门北侧，应是城门的附属建筑。从城内台基分布的情形来看，大型建筑台基都分布在南部，个别台基有壕沟环绕，台基之间有道路相通，大型台基可能是"宫殿"、衙署之类建筑遗存。城内东北部发现有大面积红烧土遗迹，局部红烧土堆积厚1米左右，在红烧土堆积的西、南部发现大量水井，这些迹象表明，城内东北部应是作坊区。城内西北部建筑台基的体量较小，但分布密集，极有可能是居民区或交易场所，从城内发现的遗迹分布看来，禹王城内的城市布局和功能分区比较清楚。

　　城址周围分布有多处东周、汉代的聚落遗址，遗址主要分布在城外的东部、南部与北部，而又以南部分布最为密集，这些聚落遗址与城址是一个有机相连的整体。在城外的北部、东部、南部发现24处墓地，其中东周墓地7处，东周、东汉墓地6处，东周、宋代墓地1处，东周、明代墓地2处，西汉墓地6处，东汉墓地2处。这些墓地应是当时禹王城居民故去后的埋葬地。

　　调查、勘探工作结束以后，为了解城址的始建年代、使用年代、修补年代与废弃年代，考古队利用禹王城东城墙已存在的断面对城垣进行了解剖。为了解城内不同时代文化堆积层的厚度和文化属性，在城内中心地带选择当地村民动土形成的剖面，对文化堆积保存较完整的部位进行了试掘。

　　东城垣解剖的探沟呈正东西向，东西长35，南北宽3米，横跨城墙、城外护城河与城内文化堆积。探沟内地层划分为13层。第1~6层分为近现代、明清、宋元、五代、唐代、魏晋时期的文化层，第7层是西汉文化层，第8层属西汉城垣夯土墙体，第9~11层为东周文化层，第12层属东周城垣夯土墙体，第13层是早于东周城垣的文化层。

　　东城垣解剖的层位关系和出土遗物为确定禹王城的始建年代提供了有

力证据。残存的东周城垣墙体用褐、黄、灰土夯筑，横剖面呈宽梯形。宽
4.4~25 米、高 3.8~5.25 米，是城垣墙体的下半部分。从出土遗物器类分
期来看，叠压墙体的第 11 层为春秋中期晚段，第 10 层属春秋晚期，第 9
层为战国早期。由此确定禹王城的始建年代当在春秋中期晚段。而城内外
探方底层的出土遗物也全属春秋中期晚段，与城墙的始建年代相吻合。

图 5-5　禹王城复原图

　　到了战国晚期，禹王城已经废弃。西汉初年，人们利用春秋中期晚段
的城墙，对城垣进行修补、修筑加高，形成了西汉时期的城邑。西汉城垣
直接叠压在春秋中期晚段的城墙之上，城垣夯土呈黄灰色，夹少量褐色锈
斑点，经探测，夯土内包含的全部是东周时期的遗物。西汉城墙残存高度
1.65 米、东西宽 4.2 米。城内外西汉时期文化层出土的遗物从西汉早期一
直延续到西汉晚期，证明禹王城废弃在西汉晚期。

　　城内的文化堆积从地表至生土厚 1.0~1.6 米。在城内试掘的六个 5×5
米的探方，依据土色土质和包含物的不同，划分为 6 层。第 1 层是近现代
堆积，第 2 层为汉以后的文化层，第 3 层属西汉文化层，第 4 层为战国文
化层，第 5 层是春秋晚期文化层，第 6 层为春秋中期晚段文化层。六个探

方内还清理出灰坑 13 个、灰沟 2 条、水井 2 口。

城内出土的遗物大部分是陶器，极少数为铜器、铁器、玉器和石器。陶器按用途分为生活用器、生产工具和建筑材料。生活用器有鬲、甗、鼎、盆、盂、盘、豆、鋬、瓮、缸及器盖；建筑材料有筒瓦、板瓦、瓦当、铺地砖、井圈、水管及构件；生产工具有陶拍和纺轮。铜器有削刀、剑柄，铁器有镢，玉器为璧，石器有杵和砺石。历年来禹王城内还出土了一批东周至汉代的珍贵文物，著名的有春秋时期的"许公买铭文铜簠"、战国"(左鱼右佳)之铸铭文铜剑"、汉代的"三翼龙座铜九连灯"以及东周时代的铜鼎、铜敦、铜壶、铜盒、铜盘及大批朱绘漆木器和各类仿铜陶礼器，共计 4000 件。这些出土文物，对于研究禹王城的历史演进轨迹和物质文化面貌具有重要意义。

近几十年来，在禹王城周围发掘了 300 余座春秋、战国和两汉时期的墓葬，亦是城址始建、使用、废弃年代的有力佐证。由此来看，禹王城经历了两个大的历史阶段，一是春秋中期晚段至战国晚期，二是西汉早期至西汉晚期。在这两大时间段内，年代跨度约在公元前 550 年至公元 8 年之间。现有的考古材料证明，禹王城是长江中下游春秋中晚期至战国和西汉时期的一座规模宏大的城址。

据相关文献记载，禹王城，亦名邘城。宋代称之为女王城，明清方志大多称其为吕王城、汝王城、吕阳城等，其实都是邘王城之音讹。从民国起近百年来人们一般称其为禹王城。有学者推断它最早当为春秋弦子国国都，后为楚之弦邑，至战国时才复修为楚迁封邘君之邑。战国时期，位于今山东境内曾为鲁国附庸的邘国被楚所灭，楚迁邘于禹王城。对此，文献多有记载，也是众多学者的一致共识。

西汉时期，吴芮被封为衡山王，都邘城。汉高祖统一全国后，改封吴芮为长沙王，衡山复为郡仍治邘城。汉文、景帝时重新将衡山郡复为衡山王国，先后封给宗室刘勃、刘赐，均以邘城为王都。汉武帝元狩元年(公元前 122)，衡山王刘赐谋反被杀，衡山国除，邘城复为衡山郡治。足见西

图 5-6　黄州禹王城出土的东周时期文物

汉时期，禹王城一直是王都或郡治。元狩二年(公元前 121)衡山郡被撤消，从该郡与南郡中划出 14 县改设江夏郡，邾城则降为江夏郡辖县邾的县治，直至东汉末。

西汉之后，有学者根据文献记载，推论禹王城曾是江夏郡的邾县，吴国的军事重镇。西晋时为西阳王都，咸康五年(公元 339)，后赵攻陷邾城，纵火屠城，禹王城遂成为废墟。在禹王城内虽然发现有西汉以后至明清时期的遗物，但没有发现西汉之后的城址遗迹，城内也没有发现西汉以后的主体文化层。西汉以后，禹王城是否还作为区域政治、经济和文化中心，有待今后的考古发现、找到实物证据来确定。

## 第四节    遗址定位

女王城自春秋末年即有先民生活，至战国时期筑城，至今城垣犹存，虽历千年风雨，城址位置与范围明显。据苏东坡《正月二十日往岐亭，郡人潘、古、郭三人，送余于女王城东禅庄院》诗推断，东禅庄院在女王城北，约今禹王城东北太平寺附近(图5-7)。

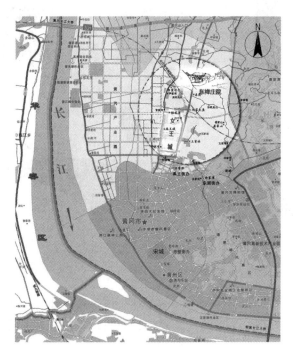

图5-7    女王城位置与范围图

# 第六章　东坡、雪堂、四望亭、黄泥坂

## 第一节　躬耕东坡

苏东坡在黄州艰辛而快乐的躬耕生活，始于元丰四年（1081）三四月间，直至元丰七年四月离黄赴汝。苏东坡与家人辛勤地在东坡农场劳作，挖了水井和鱼塘，开垦了稻田麦田菜圃，种了果树和茶树，还虚心向老农求教，获得了农耕的经验。摘去方巾穿起短褐的苏东坡俨然一山野村夫，他享受着大自然的馈赠和丰收的喜悦，真真正正体味到五谷的香甜。

苏轼是以"责授检校尚书水部员外郎、充黄州团练副使、本州安置"之职贬居黄州的，他写给秦少游的信里说："初到黄，廪入既绝，人口不少，私甚虑之。"据《文献通考》记载，元丰改制前，团练副使从八品官员的俸禄为"禄米62石/年、月俸650钱、食料300文/月（以实物折支）"。在《初到黄州》诗中他说"逐客不妨员外置，诗人例作水曹郎。只惭无补丝毫事，尚费官家压酒囊"及诗后自注"检校官例，折支多得退酒袋"①，就说明"检校尚书水部员外郎"这一虚衔没有现金收入，团练副使俸禄折支就是退酒袋（压酒囊）②。相比被贬之前的收入，"仅俸钱每月就超过四十千，圭租所入，则足以供一百八十余人一年的口粮。此外，尚不计绫、绢、棉、禄

---

① 苏轼著，王文诰辑注、孔凡礼点校：《苏轼诗集》，中华书局1982年版，第1032页。

② 陈文龙：《宋代责授团练副使俸禄》，《华中国学》2014年第2期。

粟、公用钱和种种额外赐予"①，从小康水平直接坠入困顿境地，这就不难理解尽管还有微薄的俸禄他却到处叫穷的原因了。他深感经济上的巨大落差，因而心情焦急。收入的骤减，是苏轼到黄州之后面临的一大现实困境。

这块后来名扬四海的坡地，当时实实在在地解决了苏东坡贬谪黄州生活的困难，还实现了他长期以来归隐田园的夙愿，黄州东坡成为苏东坡理想的栖居之所。东坡躬耕给黄州的苏轼带来了生活的安稳、心灵的安定，也让他一步步地向自己仰慕的先贤靠近。"东坡"对中国文学与文化的贡献功不可没，成为他价值取向的标记和人格精神的载体②。

## 一、故人相助

苏轼的东坡之地，得到友人马正卿相助。马正卿（1036—约1110），字梦得，与苏东坡同年同月生，小苏东坡八天，因胡须较长，被苏东坡称为"马生""马髯"。今河南杞县人。秀才，曾为太学正。清代学者王文诰《苏文忠公诗编注集成总案》载："马正卿，本杞人，素与米元章厚善。"又谓："马正卿从公游，至是已三十四年，其黄州东坡雪堂，皆马佐公为之。"

苏东坡有三篇短文，赞扬马正卿安贫乐道、朴实忠诚。

《马梦得穷》：

> 马梦得与仆同岁月生，少仆八日。是岁生者无富贵人，而仆与梦得为穷之冠。即吾二人而观之，当推梦得为首。

《书孟东野诗》，作于元丰四年（1081）：

---

① 何忠礼：《苏轼在黄州的日用钱问题及其他》，《杭州大学学报（哲学社会科学版）》1989年第4期。

② 王兆鹏、陈朝鲜：《论苏轼躬耕东坡的原因和意义》，《齐鲁学刊》2019年第2期。

元丰四年，与马梦得饮酒黄州东禅。醉后，诵孟东野诗云："我亦不笑原宪贫。"不觉失笑。东野何缘笑得原宪？遂书此以赠梦得。只梦得亦未必笑得东野也①。

《东坡八首》其八，作于元丰四年十月：

> 马生本穷士，从我二十年。日夜望我贵，求分买山钱。我今反累君，借耕辍兹田。刮毛龟背上，何时得成毡？可怜马生痴，至今夸我贤。众笑终不悔，施一当获千。

苏东坡在《东坡八首并叙》中说道："余至黄州二年，日以困匮，故人马正卿哀余乏食，为于郡中请故营地数十亩，使得躬耕其中。"②东坡之地紧邻州治，"在州治之东百余步"③。得到此地后，苏东坡甚是欣喜，在给众多亲友的书简中，迫不及待地将喜讯告知对方，如《赠王庆源》中说："吏民莫作长官看，我是识字耕田夫。"《与子安兄八首》之一的"近于城中得荒地十数亩，躬耕其中"，《与王定国四十九首》之十三的"近于侧左得荒地数十亩，买牛一具，躬耕其中"，《与杨元素十八首》之八的"近于城中葺一荒园"等都提及此事④，喜悦之情溢于言表。

上述书信中所言"十数亩""数十亩"，到底这块坡地有多大面积呢？在《与章子厚》的书信中苏东坡写道：

---

① 按：孟东野，即孟郊(751—814)，字东野，湖州武康(今浙江省德清县)人。唐德宗贞元十二年(796)中进士，曾任溧阳尉、协律郎等职，一生穷愁潦倒。原宪，孔子的弟子，家境贫穷(见《史记·仲尼弟子列传》)。

② 苏轼著，王文诰辑注、孔凡礼点校：《苏轼诗集》，中华书局1982年版，第1079页。

③ 王象之：《舆地纪胜》，中华书局1992年版，第1963页。

④ 苏轼著、李之亮笺注：《苏轼文集编年笺注》，巴蜀书社2011年版，第32页(册六)、697页(册六)、288页(册六)。

　　某启。仆居东坡,作陂种稻,有田五十亩,身耕妻蚕,聊以卒岁。昨日一牛病几死,牛医不识其状,而老妻识之,曰:"此牛发豆斑疮也,法当以青蒿粥啖之。"用其言而效。勿谓仆谪居之后,一向便作村舍翁,老妻犹解接黑牡丹也。言此,发公千里一笑。

　　可见,这块地有 50 亩左右。按宋代度量衡标准,一亩为 60 平方丈,一丈十尺,一宋尺约 31.4 厘米①,宋代五十亩约 591.576 平方米,比今天的亩少 75 平方米。北宋时期江南地区水稻亩产在二石左右,低于今天的亩产量②,至于宋代的旱谷,就以《宋史》关于引浊放淤的情况看,一般收获每亩不过五七斗③。

## 二、本是故营地

　　苏东坡自述这块城东坡地是"故营地",即部队曾经驻守的营地,应为北宋禁军改编为厢兵牢城营后,废弃后的营地旧址。

　　驻守黄州东坡的,在宋仁宗(1022 年 3 月 23 日—1063 年 4 月 30 日在位)时期是禁军宣毅军的一个营,设指挥 1 人,满员驻军数量 500 人,实际在 300 人左右④。北宋以招募的方式征召士兵,称为募兵制,并采用驻军轮换的更戍法(宋神宗时王安石变法,罢废更戍法),黄州所处的淮南西路通常是三年⑤一轮换。

　　除了禁军,宋朝还设有厢军。厢军比禁军的等级要低,相当于在地方驻守的地方部队,名为常备军,实际上就是各州府和某些中央机构的杂

---

　　①　邱隆:《中国历代度量衡单位量值表及说明》,《计量史话》2006 年第 1 期。
　　②　顾吉辰:《宋代粮食亩产量小考》,《农业考古》1983 年第 2 期。
　　③　按:宋代 1 市斤是 640 克。宋代 1 石合 92.5 宋斤(沈括《梦溪笔谈》卷三:"凡石者以九十二斤半为法,乃汉秤三百四十一斤也。")因此一石大米就有 59200 克,即 59.2 公斤。宋代 1 石 = 2 斛,1 斛 = 5 斗,1 斗 = 10 升,1 升 = 10 合。一斗大约等于 11.84 斤。
　　④　王曾瑜:《宋朝军制初探》,中华书局 2011 年版,第 62~71 页。
　　⑤　尤丹丹:《北宋更戍法研究》,《吉林广播电视大学学报》2016 年第 6 期。

兵。除招募外，厢兵另一个重要来源是罪犯。《水浒传》描写林冲押解沧州"牢城营"，充当"配军"，确为宋朝的实际情况。宋神宗曾下令裁并厢兵番号和人数，将教阅(训练)厢兵升为下禁兵，剩下的厢兵就成为不教阅的杂役军①，从事筑城、制作兵器、修路建桥、运粮垦荒以及官员的侍卫、迎送等劳役。史料显示，这一时期黄州所在的淮南路、设立了专门的厢兵牢城营，这与苏东坡曾经提到的"近日牢城失火"记载相符。

从营寨的选择可以分析出东坡位置的地理特点。

建立营寨的首要问题就是要选择合理的地点。古人立营择地，不外乎两种目的："自固"及"扼敌"。一是从"自固"的目的出发，就应该占据高山据守险要的关隘，让敌人难以攻击。二是从"扼敌"的目的出发，就应该在水陆交通要冲立营，让敌人无法通过。即使是一般的驻营，也要遵循"背山险，向平易"的原则，使自己处于容易防守又便于出击的位置。以黄州的实际情况来看，要建营地，首先地势要高，符合"背山面平"的防涝要求。其次是要地处水陆交通要地，起到扼守要冲、阻敌来去的作用。最后是相对平坦开阔，利于部队进出、日常训练与管理。黄州东坡所在的"故营地"面积不少于 50 亩，无疑符合古代军队的选址要求。一是面朝东南，阳光充足，通风条件好。二是地势较高，易守难攻，既邻近长江和涨水后的湖泊而便于取水，又不会有洪涝灾害侵扰。三是视野开阔，交通便利。因黄州城北为赤壁山，西、南有长江环绕，东面是丘陵与湖泊，既可以扼守东面进出黄州城的陆上道路，又可俯瞰长江河道舟船往来，进可攻、退可守。

如此理想的军营屯驻之地最终被废弃，成为"故营地"，不知是何原因，但保留了安置配军(因犯罪判充军的军卒)、提供杂役的牢城营。黄州东坡故营地的废弃，应与当时军事改革、部队减少、停止轮换驻守有关。

三、为什么叫"东坡"

"东坡"之名源于"学陶"与"慕白"。苏轼曾想将自己取名为"鏖糟陂里

———————

① 王曾瑜：《宋朝军制初探》，中华书局 2011 年版，第 86 页。

陶靖节"，但最后被"东坡居士"一号取代。他曾写信给王定国说："近于侧左得荒地数十亩，买牛一具，躬耕其中。今岁旱，米贵甚。近日方得雨，日夜垦辟，欲种麦，虽劳苦却亦有味。邻曲相逢欣欣，欲自号鏖糟陂里陶靖节，如何？"

"鏖糟陂"本是宋代汴京城外的一沼泽地名，"鏖糟陂"即"肮脏陂"是也①。陶靖节，即东晋大诗人陶渊明。陶渊明名潜，字元亮，浔阳柴桑(今江西九江)人。曾任江州祭酒、镇军参军、彭泽令等职，因不满当时士族地主把持政权的现实，不愿"为五斗米折腰"，于四十一岁那年弃官归隐，以躬耕为生。死后，他的友人私谥以"靖节"，世称"靖节先生"。苏轼用这个自号调侃自己的尴尬处境，又敬慕陶渊明的个性，觉得自己躬耕黄州，正合陶渊明"采菊东篱下，悠然见南山"的意境。

苏轼一生最欣赏唐代大诗人白居易的为人，故常在诗文中说自己颇似白居易。白居易字乐天，号香山居士。元和进士，迁左拾遗，贬江州司马，后为忠州刺史，官至刑部尚书。白居易曾在杭州担任过刺史两年，苏轼亦有两载在钱塘任杭州通判。白居易在忠州刺史任上，曾作有多首与"东坡"相关的诗作，如《东坡种花二首》《步东坡》《别种东坡花树两绝》等，其中《步东坡》诗说："朝上东坡步，夕上东坡步。东坡何所爱，爱此新成树。"在苏轼诗文中，"慕白"的表述屡见不鲜，如"我甚似乐天，但无素与蛮②"(《次京师韵送表弟程懿叔赴夔州运判》)、"他时要指集贤人，知是香山老居士"(《赠李道士》)、"定似香山老居士，世缘终战道根深"(《轼以去岁春夏侍立迩英而秋冬之交子由相继入侍次韵绝句四首各述所怀》其四)、"我似乐天君记取，华颠赏遍洛阳春"(《赠善相程杰》)等，都明显流露出对白居易知足观念和看破世间态度的倾慕与神往。

苏轼不仅"慕白"，还与白居易一样"学陶""效陶"。他说："渊明形神自我，乐天身心相物。而今月下三人，他日当成几佛。"陶有《形影神》诗三

---

① 漆侠：《释"鏖糟陂里叔孙通"》，《河北大学学报》1999 年第 3 期。

② 按：樊素、小蛮是白居易的两名侍女。

首，白有身心问答之《自戏三绝句》，苏将二者结合一起，用李白《月下独酌》诗意，将自己与陶、白作为"月下三人"及日后所成之佛，可见仰慕之深、期许之高。到了晚年，身处贬所的苏轼更将效法的对象锁定在陶渊明身上，和陶诗一百余首，所谓"饱吃惠州饭，细和渊明诗"①，就是此时苏轼学陶的写照。陆游《老学庵笔记》卷九谓："东坡在岭海间，最喜读陶渊明、柳子厚二集，谓之'南迁二友'。"据此可知，苏轼的学陶、效陶，并不仅出于对陶诗风格的向往，更重要的是对陶人格上的心悦诚服。用他的话说就是："吾于渊明，岂独好其诗也哉？如其为人，实有感焉。"②"我即渊明，渊明即我也。"③白居易是陶渊明的第一个知音，而苏轼全面接受陶渊明，亦未尝没有掺杂白居易这位中介人物的重大影响④。

与白居易在忠州的"东坡"一样，苏轼得到的这块地也位于城东，于是放弃"鏖糟陂里陶靖节"一名，将这块地命名为"东坡"并作为自己的别号，又因自己此前已"归诚佛僧"，系在家学佛的居士，遂仿白居易"香山居士"之雅称，将自己名之为"东坡居士"。

## 四、诗文中的东坡

东坡所种之物，主要有粮食作物、蔬果、桑竹之类。黄州气候湿热，粮食一年可以两熟，冬麦夏稻，也就成了东坡的最佳选择。元丰四年（1081）秋冬时节，苏轼就已开始种麦。躬耕之初，在给王巩的书简中，他除了告知对方得地买牛这些信息外，还提及打算种麦子，认为麦子的生长周期不长，容易得到回报。元丰四年冬所作《书雪》有"黄州今年大雪盈尺，吾方种麦东坡"之语，表明他开垦东坡的当年，就已经种下小麦，而且，种麦的面积还不小："东坡有奇事，已种十亩麦。"至于稻米，乃是南方人

---

① 黄庭坚：《跋子瞻和陶诗》，《山谷集》卷七。
② 苏辙：《子瞻〈和陶渊明诗集〉引》，见《栾城集·后集》卷二一。
③ 苏轼：《和〈东方有一士〉》自注。
④ 尚永亮：《苏轼与白居易的文化关联及差异》，《中国人民大学学报》2010年第1期。

的主食，苏轼自然免不了种水稻。在给李常及章惇的书简中，他都提及在东坡"作陂种稻"这一细节。当然，粮食作物中，他还种有豆类。此外，种蔬育果、栽桑养竹，也都成了苏轼耕作的日常性事务。其中果类之丰富，也令人惊羡，他在诗文中就提到枣、橘、青李等。王宗稷《东坡先生年谱》据《东坡图》考雪堂之景："堂之前则有细柳，前有浚井，西有微泉。堂之下，则有大冶长老桃花茶、巢元修菜、何氏丛橘……作陂塘，植黄桑，皆足以供先生之岁用，而为雪堂之胜景云耳。"①

《与王定国书·十三》：

"……自到此，惟以书史为乐，比从仕废学，少免荒唐也。近于侧左得荒地数十亩，买牛一具，躬耕其中。今岁旱，米贵甚。近日方得雨，日夜垦辟，欲种麦，虽劳苦却亦有味。邻曲相逢欣欣，欲自号鏖糟陂里陶靖节，如何？……"

《后赤壁赋》：

是岁十月之望，步自雪堂，将归于临皋。二客从予，过黄泥之阪。

《与杨元素书》：

近于城中葺一荒园，手种菜果以自娱。

《与子安书》：

_____

① 王兆鹏、陈朝鲜：《论苏轼躬耕东坡的原因和意义》，《齐鲁学刊》2019 年第 2 期。

近于城中得荒地十数亩，躬耕其中。作草屋数间，谓之东坡雪堂。种蔬接果，聊以忘老。

《与李公择书》：

某见在东坡，作陂种稻，劳苦之中，亦有乐事。有屋五间，果菜十数畦，桑百余本，身耕妻蚕，聊以卒岁也。

《与巢元修书》：

近日牢城失火，烧荡十九，雪堂亦危。潘家皆奔避，堂中飞焰已燎檐矣。幸而先生两瓢无恙，四柏亦吐芽矣。

《牛酒帖》云：

饮既醉，遂从东坡之东直出，至春草亭而归，时已三鼓矣。

《东坡八首并叙》：

余至黄州二年，日以困匮，故人马正卿哀余乏食，为于郡中请故营地数十亩，使得躬耕其中。地既久荒，为茨棘瓦砾之场，而岁又大旱，垦辟之劳，筋力殆尽。释耒而叹，乃作是诗，自愍其勤。庶几来岁之入，以忘其劳焉。

### 其一

废垒无人顾，颓垣满蓬蒿。谁能捐筋力，岁晚不偿劳。独有孤旅人，天穷无所逃。端来拾瓦砾，岁旱土不膏。崎岖草棘中，欲刮一寸毛。喟然释耒叹，我廪何时高？

### 其二

荒田虽浪莽，高庳各有适。下隰种粳稌，东原莳枣栗。江南有蜀士，桑果已许乞。好竹不难栽，但恐鞭横逸。仍须卜佳处，规以安我室。家童烧枯草，走报暗井出。一饱未敢期，瓢饮已可必。

### 其三

自昔有微泉，来从远岭背。穿城过聚落，流恶壮蓬艾。去为柯氏陂，十亩鱼虾会。岁旱泉亦竭，枯萍粘破块。昨夜南山云，雨到一犁外。泫然寻故渎，知我理荒荟。泥芹有宿根，一寸嗟独在。雪芽何时动，春鸠行可脍。

### 其四

种稻清明前，乐事我能数。毛空暗春泽，针水闻好语。分秧及初夏，渐喜风叶举。月明看露上，一一珠垂缕。秋来霜穗重，颠倒相撑拄。但闻畦陇间，蚱蜢如风雨。新春便入甑，玉粒照筐筥。我久食官仓，红腐等泥土。行当知此味，口腹吾已许。

### 其五

良农惜地力，幸此十年荒。桑柘未及成，一麦庶可望。投种未逾月，覆块已苍苍。农夫告我言：勿使苗叶昌。君欲富饼饵，要须纵牛羊。再拜谢苦言，得饱不敢忘。

### 其六

种枣期可剥，种松期可斫。事在十年外，吾计亦已悫。十年何足道，千载如风霆。旧闻李衡奴，此策疑可学。我有同舍郎，官居在灊岳。遗我三寸甘，照座光卓荦。百栽倘可致，当及春冰渥。想见竹篱间，青黄垂屋角。

### 其七

潘子久不调，沽酒江南村。郭生本将种，卖药西市垣。古生亦好事，恐是押牙孙。家有一亩竹，无时客叩门。我穷交旧绝，三子独见存。从我于东坡，劳饷同一飧。可怜杜拾遗，事与朱阮论。吾师卜子夏，四海皆弟昆。

### 其八

马生本穷士，从我二十年。日夜望我贵，求分买山钱。我今反累君，借耕辍兹田。刮毛龟背上，何时得成毡？可怜马生痴，至今夸我贤。众笑终不悔，施一当获千。

## 五、史籍记载

苏东坡有《日日出东门》诗，南宋人王十朋注援引王子仁的话说："《东坡图》云：'东门，近东坡之门也，在乾明寺前五十步。'今无矣。"

南宋人施元之注《东坡八首并叙》云："东坡，在黄冈山下，州治东百余步。"

南宋人陆游在《入蜀记》中记述说：

> 十九日，早，游东坡。自州门而东，冈垄高下。至东坡，则地势平旷开豁。东起一垄颇高，有屋三间，一龟头曰居士亭。亭下面南一堂颇雄，四壁皆画雪，中有苏公像，乌帽紫裘，横按筇杖，是为雪堂。雪堂东大柳，传为公手植。

南宋人范成大在《吴船录》中说：

> 郡东山垄重复，中有平地，四向皆有小冈环之。东坡居时，是亦有取于风水之说。前守鸠材欲作设厅，已而辍作雪堂，故稍宏壮。堂东小屋榜曰"东坡"，堂前桥亭曰"小桥"，皆后人旁缘命之。对面高坡上新作小亭曰"高寒"，姑取《水调》中语……然此亭正对东岸武昌数峰，亦登览不凡处。

南宋人王宗稷《东坡先生年谱》元丰五年"壬戌"下记述说："先生年四十七，在黄州，寓居临皋亭，就东坡筑雪堂，自号东坡居士。以《东坡图》考之，自黄州门南至雪堂四百三十步。"（按，王宗稷绍兴年间曾到过黄州。）

南宋祝穆《方舆胜览》载：雪堂，在州治东百步。

南宋王象之《舆地纪胜》载："东坡，在州治之东百余步。

明弘治《黄州府志》卷之一"古迹"门下载："东坡故居，在今县学东。宋元丰三年，苏轼为吴兴守，谪黄州。三年，故人马正卿为守，得此地，立雪堂居之，自号东坡居士。"

明弘治《古黄遗迹集》载："东坡，在府治东南县学前，宋苏子瞻先生谪黄筑居于此，因以为号。有洗墨池尚存。后人思之，为建祠塑像焉。"

明万历《黄冈县志》载："雪堂老梅，在城东南百步。苏子瞻谪黄二年，故人马正卿为守，与故营地数十亩，躬耕其中，是为东坡（府旧志云在县学东）。

清人王文诰在《苏文忠公诗编注集成总案》卷二十一记述说："诰于嘉庆四年……七月二十六日抵齐安，夜泊赤壁矶下。……因沿江而至朝宗门。门之左，峙江岸，为临皋。入门而左绕……则东坡雪堂在焉。……自临皋至东坡不及一里，故公得往来其间也。"

清光绪《黄州府志》载："东坡，在城东南隅，宋苏轼居此，号东坡居士，慕白居易而名也。"

李一冰《苏东坡新传》载："东坡在州治之东一百余步的山麓地方。""这块荒地所在，原无地名。因在黄州城东门外，东坡给这个乡野之地，命名为东坡，自称东坡居士。同时，东坡又在东坡附近，距州门南向四百三十步的地方，寻得一块旧作养鹿场的高地，盖起了雪堂。"

推断雪堂的相对位置在城东 120～200 米处。

## 第二节　东坡雪堂

　　元丰五年(1082)正月，苏东坡在躬耕地"东坡之旁"建草屋五间。因房子落成之日适逢大雪，有感于雪的品质，苏东坡将草堂内四壁绘满雪花，并将其名之为"东坡雪堂"，认为居其中"有八荒之趣"，神思飞越，精神自由，能"洗涤其烦郁"，并自书"东坡雪堂"为匾额。修建雪堂，一是为躬耕时的便利，可以放置农具，休息也方便；二是供来访客人居住，眉山巢谷、绵竹道士杨世昌、杭州诗僧参寥子、隐士陈慥等友人都住过雪堂。从此，苏东坡往来于城南临皋亭与城东东坡、雪堂之间，两地居住。耕作之暇，也去村寺沐浴，及寻溪傍谷，钓鱼、采药，不亦乐乎。

图 6-1　(南宋)夏圭 雪堂客话图(故宫博物院藏)

与定惠院、临皋亭不同，雪堂是苏轼自己营建的，因此更具有标识性意义。作为东坡遗迹，雪堂在历史上屡次圮毁，又不断得到修葺、重建，后人向往雪堂，瞻仰雪堂，吟咏雪堂，借此来表达对苏轼的敬仰、怀念之情，经过历代的传播、书写，雪堂已和东坡一样，成为苏轼的标志性符号之一①。

## 一、东坡诗文中的雪堂

雪堂之于苏东坡，犹如隆中草庐之于诸葛，西蜀玄亭之于扬雄，都是淡泊明志、潜心修学的地方，体现了主人高洁傲岸的志趣。

《后赤壁赋》对雪堂的传播意义较为明显，开篇即提及雪堂：

> 是岁十月之望，步自雪堂，将归于临皋。二客从予，过黄泥之坂。

随着《后赤壁赋》的广泛流传，雪堂也自然为人所知晓。同时，《后赤壁赋》叙事性较强，"步自雪堂"既是赋文的起点，也是故事的开端，所以后世以《后赤壁赋》为素材的作品，往往都会把雪堂融入其中。

《答范蜀公》四首(之一)：

> 李成伯长官至，辱书，承起居佳胜，甚慰驰仰。新居已成，池园胜绝，朋旧子舍皆在，人间之乐，复有过此者乎？某凡百粗遣，春夏间，多疮患及赤目，杜门谢客，而传者遂云物故，以为左右忧。闻李长官说，以为一笑，平生所得毁誉，殆皆此类也。何时获奉几杖，临书惘惘。

---

① 连国义：《论苏轼雪堂符号意义的生成》，《黄冈师范学院学报》2022 年第 1 期。

图6-2　黄州苏东坡纪念馆中的东坡雪堂场景

《与李通叔四首》，约作于元丰五六年间：

　　某启。久不奉书，为愧。春物妍丽，奉思无穷，比日起居佳否？中间蒙寄示雪堂篆字，笔势茂美，足为郊薮之光。不即裁谢，未见罪否？会合未由，万万以时自重。不宣。

《雪堂记》，又名《雪堂问潘邠老》，作于元丰五年正月：

　　苏子得废圃于东坡之胁，筑而垣之，作堂焉，号其正曰雪堂。堂以大雪中为之，因绘雪于四壁之间，无容隙也。起居偃仰，环顾睥睨，无非雪者。苏子居之，真得其所居者也。苏子隐几而昼瞑，栩栩然若有所适而方兴也。未觉，为物触而寤，其适未厌也，若有失焉。以掌抵目，以足就履，曳于堂下。
　　客有至而问者曰："子世之散人耶，拘人耶？散人也而天机浅，拘人也而嗜欲深。今似系马而止也，有得乎而有失乎?”苏子心若省而口未尝言，徐思其应，揖而进之堂上。客曰：“嘻，是矣，子之欲为散人而未得者也。予今告子以散人之道。夫禹之行水，庖丁之提刀，避众碍而散其智者也。是故以至柔驰至刚，故石有时以泐。以至刚遇至柔，故未尝见全牛也。予能散也，物固不能缚，不能散也，物固不能释。子有患矣，用之于内可也。今也如猬之在囊，而时动其脊胁，见于外者，不特一毛二毛而已。风不可抟，影不可捕，童子知之。名之于人，犹风之与影也，子独留之。故愚者视而惊，智者起而轧，吾固怪子为今日之晚也。子之遇我，幸矣，吾今邀子为藩外之游，可乎?”

苏子曰：“予之于此，自以为藩外久矣，子又将安之乎?”客曰：“甚矣，子之难晓也。夫势利不足以为藩也，名誉不足以为藩也，阴阳不足以为藩也，人道不足以为藩也。所以藩予者，特智也尔。智存诸内，发而为言，则言有谓也，形而为行，则行有谓也。使子欲嘿不欲嘿，欲息不欲息，如醉者之恚言，如狂者之妄行，虽掩其口执其臂，犹且喑呜跼蹙之不已，则藩之于人，抑又固矣。人之为患以有身，身之为患以有心。是圃之构堂，将以佚子之身也?是堂之绘雪，将以佚子之心也?身待堂而安，则形固不能释。心以雪而警，则神固不能凝。子之知既焚而烬矣，烬又复然，则是堂之作也，非徒无益，而又重子蔽蒙也。子见雪之白乎?则恍然而目眩。子见雪之寒乎?则竦然而毛起。五官之为害，惟目为甚。故圣人不为。雪乎，雪乎，吾见子知为目也。子其殆矣!”

客又举杖而指诸壁，曰：“此凹也，此凸也。方雪之杂下也，均矣。厉风过焉，则凹者留而凸者散，天岂私于凹而厌于凸哉，势使然也。势之所在，天且不能违，而况于人乎?子之居此，虽远人也，而圃有是堂，堂有是名，实碍人耳，不犹雪之在凹者乎?"

苏子曰：“予之所为，适然而已，岂有心哉?殆也，奈何!”

客曰："子之适然也，适有雨，则将绘以雨乎？适有风，则将绘以风乎？雨不可绘也，观云气之汹涌，则使子有怒心。风不可绘也，见草木之披靡，则使子有惧意。睹是雪也，子之内亦不能无动矣。苟有动焉，丹青之有靡丽，水雪之有水石，一也。德有心，心有眼，物之所袭，岂有异哉？"苏子曰："子之所言是也，敢不闻命。然未尽也，予不能默。此正如与人讼者，其理虽已屈，犹未能绝辞者也。子以为登春台与入雪堂，有以异乎？以雪观春，则雪为静。以台观堂，则堂为静。静则得，动则失。黄帝，古之神人也。游乎赤水之北，登乎昆仑之丘，南望而还，遗其玄珠焉。游以适意也，望以寓情也。意适于游，情寓于望，则意畅情出，而忘其本矣。虽有良贵，岂得而宝哉。是以不免有遗珠之失也。虽然，意不久留，情不再至，必复其初而已矣，是又惊其遗而索之也。余之此堂，追其远者近之，收其近者内之，求之眉睫之间，是有八荒之趣。人而有知也，升是堂者，将见其不遨而僛，不寒而栗，凄凛其肌肤，洗涤其烦郁，既无炙手之讥，又免饮冰之疾。彼其趑趄利害之途，猖狂忧患之域者，何异探汤执热之侯濯乎？子之所言者，上也。余之所言者，下也。我将能为子之所为，而子不能为我之为矣。譬之厌膏粱者，与之糟糠，则必有忿词。衣文绣者，被之皮弁，则必有愧色。子之于道，膏粱文绣之谓也，得其上者耳。我以子为师，子以我为资，犹人之于衣食，缺一不可。将其与子游，今日之事，姑置之以待后论。予且为子作歌以道之。"歌曰：雪堂之前后兮，春草齐。雪堂之左右兮，斜径微。雪堂之上兮，有硕人之颀颀。考盘于此兮，芒鞋而葛衣。把清泉兮，抱瓮而忘其机。负顷筐兮，行歌而采薇。吾不知五十九年之非而今日之是，又不知五十九年之是而今日之非。吾不知天地之大也，寒暑之变，悟昔日之瘤，而今日之肥。感子之言兮，始也抑吾之纵而鞭吾之口，终也释吾之缚而脱吾之靴。是堂之作也，吾非取雪之势，而取雪之意。吾非逃世之事，而逃世之机。吾不知雪之为可观赏，吾不知世之为可依违。性之便，意之适，不在于他，在于群息已动，大明既升，吾方辗转，一观晓隙之尘飞。子不弃兮，我其子归。

客忻然而笑，唯然而出，苏子随之。客顾而颔之曰："有若人哉。"

《江城子·梦中了了醉中醒》，作于元丰五年二月：

陶渊明以正月五日游斜川，临流班坐，顾瞻南阜，爱曾城之独秀，乃作《斜川诗》，至今使人想见其处。元丰壬戌之春，余躬耕于东坡，筑雪堂居之，南挹四望亭之后丘，西控北山之微泉，慨然而叹："此亦斜川之游也。"乃作长短句，以《江城子》歌之。

梦中了了醉中醒。只渊明，是前生。走遍人间，依旧却躬耕。昨夜东坡春雨足，乌鹊喜，报新晴。

雪堂西畔暗泉鸣。北山倾，小溪横。南望亭丘，孤秀耸曾城。都是斜川当日景，吾老矣，寄余龄。

词中明确表述了雪堂周边风貌，西畔有暗泉小沟，北依山脉，并有小溪东西向横流，南边有四望亭后丘，孤秀耸立。

《归来引》(送王子立归筠州)：

归去来兮，世不汝求胡不归？汹北望之横流兮，渺西顾之尘霏。纷野马之决骤兮，幸余首之未靴。出彭城而南骛兮，眷丘陇而增欷。乱清淮而俯鉴兮，惊昔容之是非。

念东坡之遗老兮，轻千里而款余扉。共雪堂之清夜兮，揽明月之余辉。曾鸡黍之未熟兮，叹空室之伊威。我挽袖而莫留兮，仆夫在门歌《式微》。归去来兮，路渺渺其何极。将税驾于何许兮叫？北江之南，南江之北。于此有人兮，俨峨峨其丰硕。

孰居约而尔肥兮。非糠窍其何食。久抱一而不试兮，愈温温而自克。吾居世之荒浪兮，视昏昏而听默默。非之子莫振吾过兮，久不见恐自贼。吾欲往而道无由兮，子何畏而不即。

《题与崔成老诗》，作于元丰六年：

夜来一笑之欢，岂可多得。今日雪堂得无少寂寞耶？往安州玉泉一酌，果子少许，夜琴一弄，谁与者，莫是木上座否？小诗漫往。

《书云成老》，作于元丰六年：

云成老来雪堂，日日昼寝。会东坡作陂，喧喧不复成寐。吾能于桔棒之上，听打百面腰鼓，一畔购贻且吃茶罢，当传此法也。

《记游定惠院》，作于元丰七年三月三日：

……客尚欲饮，而予忽兴尽，乃径归。道过何氏小圃，乞其丛橘，移种雪堂之西。……

《书韩魏公黄州诗后》，作于元丰七年十月二十六日：

……而轼亦公之门人，谪居于黄五年，治东坡，筑雪堂，盖将老焉，则亦黄人也……

《书雪堂义墨》：

元祐二年十二月二十一日，驸马都尉王晋卿致墨二十六丸，凡十余品。杂研之，作数十字，以观其色之深浅。若果佳，当捣和为一品，亦当为佳墨。予昔在黄州，邻近四五郡皆送酒，予合置一器中，谓之"雪堂义樽"。今又当为雪堂义墨也耶？

《与子安兄书》，作于元丰五年：

近于城中得荒地十数亩，躬耕其中。作草屋数间，谓之东坡雪堂。种蔬接果，聊以忘老。有一大曲寄呈，为一笑。为书角大，远路，恐被折。更不作四小哥、二哥及诸亲知书，各为致下恳。巢三见在东坡安下，依旧似虎，风节愈坚。师授某两小儿极严。常亲自煮猪头，灌血精，作姜豉菜羹，宛有太安滋味。此书到日，相次，岁猪鸣矣。老兄嫂团坐火炉头，环列儿女，坟墓咫尺，亲眷满目，便是人间第一等好事，更何所羡。可转此纸呈子明也。近购获先伯父亲写《谢蒋希鲁及第启》一通，躬亲褾背题跋，寄与念二，令寄还二哥。因书问取。

《与巢元修书》，作于元丰六年三月：

日日望归，今日得文甫书，乃云昨日始与君瑞成行。东坡荒废，春笋渐老……老兄别后想健。某五七日来，苦壅嗽殊甚，饮食语言殆废，别有乐事！今日渐佳。近日牢城失火，烧荡十九，雪堂亦危，潘家皆奔避，堂中飞焰已燎檐矣。幸而先生两瓢无恙，四柏亦吐芽矣。

《与徐得之书》，作于元丰六年三月十六日：

轼春时病眼，不能开眉。黄梦轩旧事露，足下想已知之。葛明塘添情告府，昨求于仆，此事不知钱君锡肯为一解不？若果，庶不难耳。日来，园中桃李颜色无尘，同辈应移坐雪堂前，可作一绝，强支岁月，何如？仆夜梦中，有一杭人多惠龙团几斛，尽皆一时饮之，请解意何也？昨周澹闲见访，送二水底，余遂书《落花》诗二首暂酬。轼上得之。三月十六日。

《黄泥坂词》

……出临皋而东鹜兮，并丛祠而北转。走雪堂之陂陀兮，历黄泥之长阪…朝嬉黄泥之白云兮，暮宿雪堂之青烟。

《初秋寄子由》，作于元丰六年七月：

百川日夜逝，物我相随去。惟有宿昔心，依然守故处。忆在怀远驿，闭门秋暑中。蒌蒿对书史，挥汗与子同。西风忽凄厉，万叶穿户牖。子起寻夹衣，感叹执我手。朱颜不可恃，此语君勿疑。别离恐不免，功名定难期。当时已凄断，况此两衰老。失途既难追，学道恨不早。买田秋已议，筑室春当成。雪堂风雨夜，已作对床声。

《好事近·黄州送君猷》，作于元丰六年五月：

红粉莫悲啼，俯仰半年离别。看取雪堂坡下，老农夫凄切。明年春水漾桃花，柳岸隘舟相。从此满城歌吹，看黄州阆咽。

《临江仙·诗句端来磨我钝》，作于元丰六年：

诗句端来磨我钝，钝锥不解生铓。欢颜为我解冰霜。酒阑清梦觉，春草满池塘。
应念雪堂坡下老，昔年共采芸香。功成名遂早还乡。回车来过我，乔木拥千章。

《满庭芳·归去来兮》，作于元丰七年四月：

> 元丰七年四月一日，余将去黄移汝，留别雪堂邻里二三君子。会李仲览自江东来别，遂书以遗之。
>
> 归去来兮，吾归何处？万里家在岷峨。百年强半，来日苦无多。坐见黄州再闰，儿童尽楚语吴歌。山中友，鸡豚社饮，相劝老东坡。
>
> 云何！当此去，人生底事，来往如梭。待闲看秋风，洛水清波。好在堂前细柳，应念我、莫剪柔柯。仍传语，江南父老，时与晒渔蓑。

苏东坡离开黄州后仍牵挂雪堂。
《与潘彦明十首》：

### 其二

> 少事奉闻，吴待制谪居于彼，想不免牢落，望诸君一往见之，诸事与照管。某向者流落，非诸君相伴，何以度日！雪堂如要偃息，且与打操相伴叫，使忘迁谪之意，亦诸君风义也。不罪！不罪！
>
> 兼书平子赋，归向雪堂看。

苏东坡虽然在诗文中多次提及雪堂，但却没有一首专写雪堂的诗歌，咏雪堂诗的缺失在一定程度上影响后人对雪堂的吟咏数量。

在苏东坡黄州遗迹中，相对于东坡和赤壁而言，雪堂有其特殊性。作为建筑物，它为人们提供了真实可感的纪念场所，并可摆放与苏轼相关的物品，如陆游《入蜀记》卷四记载："亭下面南一堂颇雄，四壁皆画雪，堂中有苏公像，乌帽紫裘，横按筇杖，是为雪堂。"[1]雪堂中摆放有苏轼绘像。

---

① 陆游：《入蜀记》，转引自上海师范大学古籍整理研究所：《全宋笔记》(第五编，第八册)，大象出版社 2003 年版，第 195 页。

清陈沆亦有《雪堂拜东坡笠屐像》。同时，人们也可在雪堂举行纪念苏轼的活动。如清张维屏《雪堂歌》序云："雪堂在黄州府署。今秋，朴园太守有雪堂拜坡公之约，余九月过赤壁，太守散赈未归，比太守归雪堂，而余已抵荆州。十二月十九日坡公生日，太守设祀于雪堂，余在松滋，因为《雪堂歌》奉寄。"①雪堂与东坡、赤壁在现实空间和书写空间上彼此关联，共同构成一个后世追慕苏轼的场域。

## 二、史籍记载

南宋绍兴八年（1138），黄州太守韩子美重建雪堂，理坡公旧路。洪迈《夷坚丁志》卷十八载："东坡雪堂，黄人何琥，东坡门人何颉斯举之子也。兵革后，寓居鄂渚。每岁寒食必一归。绍兴戊午，黄守韩之美重建雪堂，理坡公旧路。时当仲春，琥适来游，梦坡公告之曰：'雪堂基址，比吾顷年差一百二十步，小桥细柳，皆非原所，汝亦正之。'梦中历历忆所止，不少忘。明日往白韩，韩如其言，悉改定。他日，有故老唐德明者，八十七岁矣，自黄陂来观。叹曰：'此处真苏学士故基也。'右二事韩守说。"

《舆地纪胜》载："东坡，在州治之东百余步。元丰三年，苏轼谪居，寓临皋亭，后得此地，立雪堂而徙居焉。七年，移汝州。去黄之日，遂以雪堂付潘大临兄弟居焉。崇宁壬午，党禁既兴，堂遂毁焉。其后，邦人属神宵宫道士李斯立重建。""雪堂，道士冲妙大师李斯立重建东坡雪堂，何斯举作上梁文。其警联云：'岁在辛酉，蔚成鸾凤之栖；堂毁崇宁，奄作鼪鼯之野。'又《上梁文》云：'前生化鹤，曾陪赤壁之游；故事传鹅，无复黄庭之字。'盖其雪堂有观，道士作堂故也。"

《方舆胜览》载："雪堂，在州治东百步。蜀人苏子瞻谪居黄三年，故人马正卿为守，以故营地数十亩与之，是为东坡，以大雪中筑室，名曰雪堂，绘雪于堂之壁。西有小桥，堂下有暗井。""东坡，张安国诗：'系船着

---

① 张维屏：《松心诗录》，转引自《清代诗文集汇编》，上海古籍出版社 2010 年版，第 384 页。

西日，曳杖到东坡。暗井蛙成部，荒祠鸟作窠。老仙骑鹤去，稚子饭牛歌。兴废何须问，斯文自不磨'。"

明弘治《黄州府志》卷之一"古迹"门下载："东坡故居，在今县学东。宋元丰三年，苏轼为吴兴守，谪黄州。三年，故人马正卿为守，得此地，立雪堂居之，自号东坡居士。"卷之四亭堂门下载："雪堂，在府城内东南百步。宋苏子瞻谪居黄，三年，故人马正卿为守，以故营地数十亩与之，是为东坡。以大雪中筑室名曰雪堂，绘雪于堂之壁。西有小桥，堂下有暗井。七年，移汝州。去黄之日，遂以雪堂付潘大临兄弟居焉。……洪武戊申移筑城，遂围旧址在内，建今县学，即墨池、古梅傍建东坡祠。弘治己未，改建堂于府治内东，与竹楼对峙，堂前植梅一本，翰林罗先生景鸣作记。"

明弘治《古黄遗迹集》载："东坡，在府治东南县学前，宋苏子瞻先生谪黄筑居于此，因以为号。有洗墨池尚存。后人思之，为建祠塑像焉。""雪堂，在府治仪门左。东坡先生谪黄寓居东坡，以大雪中筑堂，落成因绘雪于四壁，故名。岁久颓没，弘治己未改建前处，与竹楼并峙。"

明万历《黄冈县志》载："雪堂老梅，在城东南百步。苏子瞻谪黄二年，故人马正卿为守，与故营地数十亩，躬耕其中，是为东坡（府旧志云在县学东），元丰五年，于其胁筑垣作室，落成时大雪，因名雪堂，绘雪于四壁。以《东坡图》考之，自黄州门南至雪堂四百三十步。……元季，堂毁。洪武戊申展筑城，遂围旧址在内，建县学。弘治己未，改建于府治内东隅，与竹楼峙。子瞻尝于雪堂前手植梅株，大红千叶，一花三实（府旧志云在洗墨池畔），国朝弘治间尚茂，至嘉靖后始枯，故老犹及见之。知府郭凤仪摹形于郡斋之石，今置赤壁。又知府潘允哲少时偶拾得一古铜章，方寸上篆'雪堂'二字，后果守黄，依其文大之，扁于堂。""苏公暗井，在今县学。古迹湮没，苏始浚出，有《浚井》诗，载《艺文》。"

清康熙《黄州府志》卷之三"古迹"下载："雪堂老梅，在城东南，苏子瞻谪黄二年，故人马正卿为守，与故营地数十亩，躬耕其中，是为东坡（旧志云：县学东），筑垣作室，落成时大雪，因名雪堂。后移汝州，遂以堂付潘大临兄弟居焉。党禁起，毁堂。其后，邦人属道士李斯立重建。元季毁。明洪武戊申展筑郡城，旧址遂在城内，今县学其基也。弘治间改建于府治东隅，与竹楼对峙。子瞻尝于雪堂前手植一梅，大红千叶，一花三实(府旧志：在洗墨池畔)，至嘉靖后枯，知府郭凤仪摹形于郡斋之后，今置赤壁。"

清乾隆进士陈诗在《湖北旧闻录》卷二十七"东坡雪堂"条下记述说："东坡，在县治东。……按：《县志》言东坡雪堂旧址，至洪武戊申展筑郡城，遂在城内。考之本集，与杨元素及兄子安尺牍，并云'于城中得荒地'，而简巢元修又言'牢城失火，雪堂亦危'，则《志》言未为的也。"

清光绪《黄州府志》载："东坡，在城东南隅，宋苏轼居此，号东坡居士，慕白居易而名也。""雪堂，在城东南，宋苏轼谪黄得故营地数十亩，躬耕其中，是为东坡。筑垣作室，落成时大雪，因名雪堂。后移汝州，遂以堂与潘大临居焉。崇宁间党禁起，毁堂。既而道士李斯立重建，元末毁。明洪武元年，展筑郡城，旧址遂在城内，旧县学其基也。弘治间，改建于府治东隅，与竹楼对峙，后移府治西北隅。咸丰八年毁于贼。八年，巡按胡林翼驻师黄州重修。""苏公暗井，在今县学。宋苏轼诗云'走报暗井出'，相传即此，有'东坡暗井'四字石刻。"

光绪八年(1882)的《黄冈县志》载："东坡，在城东南隅，宋苏轼慕唐白居易而名也。""雪堂，在城内东南。苏子瞻谪黄二年，故人马正卿为请于郡，与故营地数十亩，躬耕其中，名为东坡，因号'东坡居士'，盖慕唐白乐天而名也，并有'我似乐天君记取'之句。坡西竹林，古氏故物，曰南坡。元丰五年，苏子于东坡之侧为堂，时大雪，因绘雪于壁，号为雪堂，有记。旧《志》'自黄州门东至雪堂四百三十步'。堂前有细柳、浚井，西有微泉、小桥。堂下有元修菜，桃花茶、橘、粳、枣、桑、陂塘。尝作《江城子》词，自注云：南挹四望亭之后丘，西控北山之微泉，慨然而叹：'此亦斜川之游也。'有居士亭，在高垄上。元丰七年移汝州去，以堂付潘大临居之。崇宁壬午党禁起，毁堂。既而郡人属神宵宫道士李斯立重建。何颉之作上梁文，有云'前身化鹤，曾陪赤壁之游；故事传鹅，无复黄庭之字'。盖苏子书有'东坡雪堂'四字,久为人盗去矣。元季堂复毁。今城中有荒阜……在坡仙坊、十八坡后,即朱通守并建竹楼处。府旧《志》云在县学东,盖指旧学基言。后移建府署内。咸丰三年毁于贼。八年,巡抚胡文忠驻师黄州重建。""城隍庙坡街,坡仙坊后,重建题曰'东坡故居',废。今坊曰'东揖坡仙'。""东坡暗井,旧县学前。详古迹。"

清光绪《黄州府志》卷之九"河东书院"条下记载说:"在府治东南,宋乾道间郡守李谌初建二程祠,宝祐间郡守李节因祠室增建书院。原在旧城中,后移今处。"同卷黄冈县"东坡书院"条下记述:"在府城东,旧传宋苏轼雪堂即其地,临去以畀潘大临。陈慥于此讲学,遂为书院,久废。""黄州府学宫,宋乾道间郡守李谌,未详何处。……黄冈县学宫,宋时建南城外,元末毁。明洪武元年,知县万士安迁建于县治东南高处,即东坡故居。正统二年,知府钱敏重修。弘治九年,佥事张彬扩修。正德十年,知府余贵、知县胡洁复迁于清淮门内军器局东废地,即今地也。"

## 第三节 四望亭

四望的本义源于古代"望祭山川"。《周礼》记载:"国有大故,则旅上帝及四望。"意即当国家有大的灾难时,要举行祭祀上天和大地四方的仪式。《礼记·王制》曰:"五岳视三公,四渎视诸侯。望祭山川岂可舍此有五岳四渎等,则四望非限以四事,乃谓四方之望也……"郑玄注:以五岳(泰、华、衡、恒、嵩)、四镇(扬州之会稽山,青州之沂山,幽州之医巫闾,冀州之霍山)、四渎(江、河、淮、济)为"四望"。可见,黄州四望亭本有祭祀山川的功能,又显示其建筑视野开阔,可俯瞰一郡江山。

北宋元丰年间,谪居黄州的苏东坡曾在《雨晴后,步至四望亭下鱼池上,遂自乾明寺前东冈上归》诗中说:

高亭废已久,下有种鱼塘。
暮色千山入,春风百草香。

《江城子·梦中了了醉中醒》词云：

......

　　雪堂西畔暗泉鸣。北山倾，小溪横。南望亭丘，孤秀耸曾城。都是斜川当日景，吾老矣，寄余龄。

以上诗词中的"高亭""亭丘"，均指四望亭。

张耒在谪居黄州时作《步下四望亭至东坡柳，径访邠老不遇》诗云：

　　北下四望岭，两山中旷平。萦纡蟠径术，逦迤分沟塍。林间樵汲路，垅外牛羊鸣。落景急晚春，浅泥间耦耕......

南宋人陆游在《入蜀记》中说："又有四望亭，与雪堂相值，在高阜上，览观江山，为一郡之最。"

范成大在《吴船录》中记述说："（雪堂）对面高坡上新建小亭，曰'高寒'，姑取《水调》中语。"

《舆地纪胜》黄州"景物"下载："柯山，在东坡高寒亭之东。""黄泥坂，在高寒堂之西，'过黄泥之阪'是也。""四望亭，在雪堂南高阜之上。唐太和中刺史刘嗣之所立，李绅作记。《东坡图》云：'柯山，四望直南高丘也，故亦名柯丘。'"

《方舆胜览》："四望亭，在雪堂南高阜之上。唐刘嗣之立，李绅记。"

明弘治《黄州府志》卷之四记述："四望亭，在雪堂之南高阜处。唐太和间，刺史刘胤之建，李绅作记，后张激更为楼，今无址，疑在今一字门西，城高处是其址也。""高寒楼，旧云在府城东。唐太和中，刘胤之筑四望亭于郡东高阜处。及张激摄令，更名高寒，取杜甫诗'玉山高并两峰寒'之义，今毁无存。后谓在雪堂之南高阜处，恐在今南城高处。"

明万历《黄冈县志》载："四望亭（高寒楼），在县西南高阜（府旧志云在雪堂南），唐太和中刺史刘胤之建亭，李绅记之。苏子瞻有《步至四望亭下鱼池上》诗。宋张激摄令日，更为楼，摘杜诗'玉山高并两峰寒'之句，名曰高寒楼。"

清康熙《黄州府志》卷之三"古迹"下载："四望亭（高寒楼），在县西南高阜（府旧志云在雪堂南），唐太和中刺史刘应之建，李绅作记。"

清乾隆《黄州府志》卷三"古迹"下载："高寒楼，在县东。唐太和中，刘应之筑四望亭于郡西南，李绅为记。苏轼有《步至四望亭下鱼池上》诗，张激摄令日，更今名，取杜甫诗'玉山高并两峰寒'之义。"

清光绪《黄冈县志》载："高寒楼，在今城南高阜，楼下稍北即雪堂，俗呼南楼墩。府旧《志》：唐太和间刺史刘应之建四望亭，览观江山，为一邑之胜……四望亭，宋张激摄令日，更为楼，取杜诗'玉山高并两峰寒'句，曰高寒。陆游记'坡西竹林号南坡'，即其地也。明初移城，犹建楼呼为南楼。久废。嘉庆十八年，通判胡楷倡邑绅士捐金，建石亭于其上，为郡城东南巽峰，更名培风亭。道光二十七年，署县金云门修理城垣，重葺。""四望亭，在城南高阜，即今培风亭。"

清光绪《黄州府志》："高寒楼，在今南城高阜，楼下稍北即雪堂，俗称南楼墩，旧为四望亭（《县志》：嘉庆十八年，通判胡楷建石亭于其上，更名培风亭）。"

清宣统二年《黄州府志拾遗》："四望亭，见府志，在雪堂南高阜上，唐太和中刺史刘嗣之建，李绅作记。"

## 第四节　黄泥坂

苏东坡在农舍雪堂和城中的临皋亭两处居住，每天两处跑，那不过是三分之一里的一段脏泥路，却大概变成了文学史上最出名的一条路。苏东坡日日横过黄泥坂，而后到达黄冈的东坡，他还写了一首流浪汉狂想曲，名之为《黄泥坂词》。

《黄泥坂词》，作于元丰五年岁末①。

出临皋而东骛兮，并丛祠而北转。走雪堂之陂陀兮，历黄泥之长
坂。大江汹以左缭兮，渺云涛之舒卷。草木层累而右附兮，蔚柯丘之
葱蒨。余旦往而夕还兮，步徙倚而盘桓。虽信美而不可居兮，苟娱余
于一眄。余幼好此奇服兮，袭前人之诡幻。老更变而自哂兮，悟惊俗
之来患。释宝璐而被缯絮兮，杂市人而无辨。路悠悠其莫往来兮，守
一席而穷年。时游步而远览兮，路穷尽而旋反。朝嬉黄泥之白云兮，
暮宿雪堂之青烟。喜鱼鸟之莫余惊兮，幸樵苏之我嫚。初被酒以行歌
兮，忽放杖而醉偃。草为茵而块为枕兮，穆华堂之清宴。纷坠露之湿
衣兮，升素月之团团。感父老之呼觉兮，恐牛羊之予践。于是蹶然而
起，起而歌曰：月明兮星稀，迎余往兮饯余归。岁既宴兮草木腓，归
来归来兮，黄泥不可以久嬉。

《书黄泥坂词后》于元祐元年十一月二十一日作，东坡时在京师。

余在黄州，大醉中作此词，小儿辈藏去稿，醒后不复见也。前夜
与黄鲁直、张耒、晁无咎夜坐。三客翻倒几案，搜索箧笥，偶得之，
字半不可读，以意寻究，乃得其全。文潜喜甚，手录一本遗余，持元
本去。明日得王晋卿书，云："吾日夕购子书不厌，近又以三缣博两
纸。子有近书，当稍以遗我，毋多费我绢也。"乃用澄心堂纸、李承晏
墨书此遗之。元祐元年十一月二十一日。

清王文诰《苏文忠公诗编注集成总案》载："公与诸子往来雪堂临皋之

① 朱靖华、饶学刚、王文龙：《苏轼词新释辑评》（下册），中国书店 2010 年版，
第 1303~1307 页。宋神宗元丰五年（1082）岁末，东坡忆与诸友往来临皋雪堂间，途经
黄泥坂，大醉于道旁，衣服全被露湿，于是写下这首"行唱"之作。

间必道经黄泥坂，一日大醉作黄泥坂词。"

## 第五节　遗址定位

　　东坡在宋城东门外，距宋城南门约 120 米。即今黄州区印染社区鲶鱼巷中段偏东、龙城华府小区一带。

　　雪堂在今黄州区印染社区鲶鱼巷南段偏东、西湖一路北侧龙城华府小区一带。

　　黄泥坂在临皋亭至东坡雪堂之间。

　　四望亭位于黄州城南高阜上，位置与雪堂相对，在雪堂的南边，览观江山，为一郡之最。

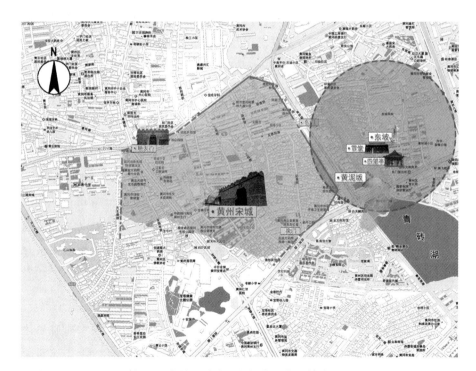

图 6-3　东坡、雪堂、四望亭、黄泥坂位置图

# 第七章　柯山、柯池（柯氏林、柯氏陂）

黄州城背靠北侧的赤壁山，南侧为长江环抱，因此有"临深负险，屹为雄镇"之说。历史上黄州城山脉地势并无大的改变，直到 20 世纪五六十年代后，因劈山开田、基建筑路等城市建设才渐次降平。在苏东坡笔下，提到黄州的"山"，有名字的只有柯山（柯丘）。如同"赤壁"并非特指某一处石矶，而是泛指"赤壁"所在的赤壁山一样，柯山在某些时候只是一座小山包，但实际上却是北宋黄州城东北部一座南北走向、有分支的山脉。

柯山是苏东坡居黄期间最主要的游览之地，也是苏东坡在定惠院、临皋亭和东坡雪堂之间往来的必经之地，苏东坡甚至一度考虑过买下"柯氏林"。

苏东坡离开黄州后，"苏门四学士"之一的北宋诗人张耒受"元祐党人"牵连，曾三次贬谪黄州，居黄州柯山七八年之久，他以"柯山"为号，并将其诗文集命名为《柯山集》。绍圣四年（1097），张文潜贬为黄州监酒务税，不久他调任竟陵（今湖北钟祥）任监酒务税。元祐二年（1099）秋，由竟陵监酒务税起用为黄州通判。次年春离黄，先后任兖州、汝州等地知州。两年后，朝廷新党以他悼念苏轼逝世"徇私以致哀，迹涉背公"之罪名，将其贬为房州（今湖北房县）别驾，之后又贬到黄州安置。此次，他纯属被流放。至崇宁五年（1106），朝廷解除党禁，他才离开黄州。

在黄州，张耒居住在柯山脚下，与苏轼经营"东坡"一样，张耒将"柯山"视作自己的精神家园。"柯山"也屡屡出现在张耒的诗作之中。与苏东坡喜爱泛舟江上不同，张耒喜欢登山远眺。如他的《正月十八日晴霁登柯眺望二首》其一就描写了登山眺望大江的景象："柯山通细履,幽步近青红。送目无穷浪,吹花尽日风。"再如他在《晨起眺望》中写道:"众木交阴园径荒,独寻细径上东冈。山头秀插垂云处,江面平分浴日光。"张耒尤其倾心于柯山之竹。他在《竹》一诗中写道:"自吾居山中,默默无与欢。朝晡谁相对,赖此青琅玕。堂东一亩池,远分西涧泉。萧萧一万竿,结根护池墙。婉婉翠凤凰,舞风照青澜。微飙自天来,新佩鸣已喧。"柯山之侧还有柯池和涧水,有万竿翠竹围绕,不仅青翠怡人,风一吹,还发出佩玉般声响,在视觉、听觉上给他以美的享受。此诗还运用了拟物的手法,将翠竹比喻成风中起舞的凤凰,使得竹子更加妩媚动人。柯山风景秀丽,慰藉了张耒的心灵,他还在居所垦荒种菜。如他在《理东堂隙地自种菜》一诗中写道:"幽居无一事,隙地自畦蔬。秋雨忽甲坼,青青千万余……桓桓左将军,英气横八区。邂逅无事时,弛弓曾把锄。矧我放逐者,终年守敝庐。谅非勤四体,寓意以为娱。"①

苏东坡居黄期间的好友、诗人潘大临在 20 岁中秀才后,屡试不第,于是隐居黄州柯山,与谪居黄州躬耕田亩的苏东坡为邻,沽酒市脯、诗酒自娱,以布衣之身驰名于北宋后期文坛。诗人谢无逸寄信潘大临,问其近期有何新作,潘回信道:"秋来景物,件件是佳句,为俗气所蔽翳,昨日清卧,闻撼林风雨声,遂起,题其壁曰'满城风雨近重阳',忽催租人至,令人败思,止此一句奉寄。"岂料谢无逸再来黄之时,潘大临已辞世。谢唏嘘不已,即以"满城风雨"开头,写了九首怀念潘大临的诗。在中国文学史上,潘大临是一位十分特殊的人物,名句"满城风雨近重阳"的问世,奠定了他在中国文学史上的地位,成为黄州本土第一位具有全国性影响的诗人,也是北宋少见的著名平民诗人。

因苏东坡赏游、张耒定居、潘大临常住,让黄州城南这一座小小山丘闻名于世。

---

① 江梅玲:《张耒的"黄州印象"——兼谈其黄州诗的艺术特色》,《赣南师范大学学报》2023 年第 5 期。

## 第一节　柯丘海棠吾有诗

黄州城南定惠院旁有一座小山名柯山，因山不高不大，黄州人喜欢将其称为柯丘。柯字本义为斧柄，民间习惯多以杂木做农具之柄，因其结构致密、韧性强且不易折断。

柯山之名，还涉及一个传说。相传，晋朝有个樵夫名叫王质，常年以砍柴为生。他经常到山中砍柴，有一天，王质在山上遇两童子下棋，在一旁看了一盘棋后，发现放在一旁砍柴的斧头柄已腐烂，回家后，家人已不复存在，时间已过去数百年，后来王质得道成仙。类似的传说流传很广，在日本也有流传记述。苏东坡非常喜爱柯山，每年约友人必游此山，甚至一度想买下柯山，很可能也喜欢这个传说。

在苏东坡的笔下，柯山、柯丘不分。

在《记游定惠院》一文中，苏东坡道：

> 黄州定惠院东小山上，有海棠一株，特繁茂。每岁盛开，必携客置酒，已五醉其下矣……

苏东坡在元丰三年（1080）作有《海棠》等诗。

他在《黄泥坂词》中写道：

> 出临皋而东鹜兮，并丛祠而北转。走雪堂之陂陀兮，历黄泥之长阪。大江汹以左缭兮，渺云涛之舒卷。草木层累而右附兮，蔚柯丘之葱蒨。余旦往而夕还兮，步徙倚而盘桓……

在《上巳日，与二三子携酒出游，随所见辄作数句，明日集之为诗，故辞无伦次》诗中说：

　　　　　　柯丘海棠吾有诗，独笑深林谁敢侮。

在《记梦赋诗》一文后，苏东坡题跋说：

　　今书赠柯山潘大临邠老。

潘大临当时住在柯山。

《晓至巴河口迎子由》，作于元丰三年五月下旬：

　　去年御史府，举动触四壁。幽幽百尺井，仰天无一席。
　　隔墙闻歌呼，自恨计之失。留诗不忍写，苦泪渍纸笔。
　　余生复何幸，乐事有今日。江流镜面净，烟雨轻幂幂。
　　孤舟如凫鹥，点破千顷碧。闻君在磁湖，欲见隔咫尺。
　　朝来好风色，旗脚西北掷。行当中流见，笑眼清光溢。
　　此邦疑可老，修竹带泉石。欲买柯氏林，兹谋待君必。

　　清王文诰《苏文忠公诗编注集成总案》对"欲买柯氏林，兹谋待君必"两句注释说："谓欲买柯丘也，然此计竟未成，雪堂之作，则兆于此矣。"柯氏林实际就是柯山之上，包括海棠、老枳等在内的花草树木。诗中也指代柯山。

《东坡八首》：

　　……自昔有微泉，来从远岭背。穿城过聚落，流恶壮蓬艾。去为柯氏陂，十亩鱼虾会。岁旱泉亦竭，枯萍粘破块。

　　此诗中所言"微泉""穿城过聚落""柯氏陂"与《记游定惠院》所载"小

沟""城东"以及《师中庵题名》所记"柯池"的地理方位相吻合。

柯氏林、柯氏陂、柯池，均在柯山(柯丘)之上或周边。

# 第二节 史籍记载

张耒曾在元符三年(1100)徽宗登基、天下大赦之日作《闻子瞻岭外归赠邠老》诗说："柯山潘子应鼓舞，与子异时从杖履。"在崇宁元年(1102)的《贻潘邠老》手札中，张耒又说："余居柯山西，潘邠老居东……"

张耒的《柯山赋》写道：

> 入东门而右回兮，原迤靡以相属，拔磅礴以隆起兮，是为柯山之麓。其上萧森而晻霭兮，冠万竿之修竹。下碗确而坚密兮，拱高林与乔木。散鸡犬于危阰兮，杂茅茨与夏屋。通樵牧之蹊径兮，路从横而断续，撮土石裂，暗窦谷虚，鸣鸟上下，伏兽号呼。俯江流之荡潏，招列山之蟠纡。林峦作态而蔽亏兮，风云效技而卷舒，固可以开阖阴阳于一气，宾饯日月于天衢。爰有穷人，瘪然无归。旷四海无所投其足兮，后帝命我于山之隈，庇蓬茅之数椽兮，抚枵腹而常饥。时醉饱而自得兮，亦杖履而遨嬉。逾山而东，席门草藩，爰有君子，于兹考盘。自种自食，邻里莫干。图书满家，儿稚饥寒，相见辄喜。有时不冠。寄万事于一笑兮，不知食粝而衣单，吾不加物以一毫兮，亦莫受人之燠暄。悟纷华之多虞兮，幸寂宴之至安。饮我薄酒欢有余，啜我豆羹甘而腴。隐几而休读我书，乃曳杖歌曰：升柯之巅，明远眺兮，筑我之庵，可以老兮，终古不忒，天之道兮，于于而行，无丧吾宝兮。

又有《柯山杂诗》二首：

其一

幽人睡足岸纶巾，策杖开门卯酒醺。

黄叶满山乌鹊噪，江城秋日少人行。

其二

萧萧茅屋土山前，翁媪关门去获田。

朝日满檐鸡犬静，获篱深处散炊烟。

南宋人洪迈(1123—1202)在《夷坚丁志》中记述说："黄州柯山，在城中，其上皆巨竹。"

《舆地纪胜》说："柯山，在东坡高寒亭之东。""柯丘，《东坡图》云'柯山，四望直南高丘也'，故亦名柯丘。坡诗'柯丘海棠吾有诗'。"

《黄州东坡图》记载说："柯山，四望(亭)直南高丘，故亦名柯丘。东西隅，海棠一株甚茂。"

弘治《黄州府志》沿承《方舆胜览》，仅言"柯山一名柯丘"。

明万历《黄冈县志》的记述稍有不同："定惠院，在城东清淮门外。""柯山，在定惠院南，宋潘大临居此，称柯山人。张文潜谪黄，文集百卷，亦名《柯山集》。左有八大王坝，昔人以御后湖水涨。宋周肃王(赵)元俨屯兵其处，因名。苏文忠词谓'蔚柯丘之葱蒨'即此。《府志》云：'近城可寻之景，惟赤壁、柯山为胜。'"

乾隆《黄州府志》称柯山在定惠院南。

清光绪《黄州府志》说："定惠院，在城东清淮门外。""柯山，在县东定惠院南。"

光绪《黄州府志》载："柯山在县东，定惠院南，宋潘大临居此，称柯山人。张耒谪黄，文集亦名《柯山集》，苏东坡词'蔚柯丘之葱蒨'即此。左有八大王坝，宋周肃王元俨屯兵其处，因名。"

光绪《黄冈县志》载："柯山，城东南，近定惠院。宋潘大临居此，称柯山人。张文潜谪黄亦以柯山名其集。苏子瞻词'蔚柯山之葱蒨'即此。

《府志》云：'近城可寻之景，惟赤壁、柯山为胜。'"

# 第三节　遗址定位

苏东坡有"黄州定惠院东小山上，有海棠一株，特繁茂"和"柯丘海棠吾有诗"的文字记述，由此可知，定惠院之东的小山名柯丘，一名柯山。张耒有"余居柯山西，潘邠老居东，相距一里，可以杖履朝往而夕游"的记述。他曾在《柯山赋》中说："入东门而右回兮，原迤靡以相属，拔磅礴以隆起兮，是为柯山之麓。"

可见，柯山在定惠院东边，且位于宋城东门一带，南北走向。柯池在柯山东北，柯氏陂即柯池的坡岸。柯氏林即柯山之上包括海棠、老枳等在内的花草树木。张耒与潘大临(邠老)分居山之东西两侧，相距一里(图7-1)。

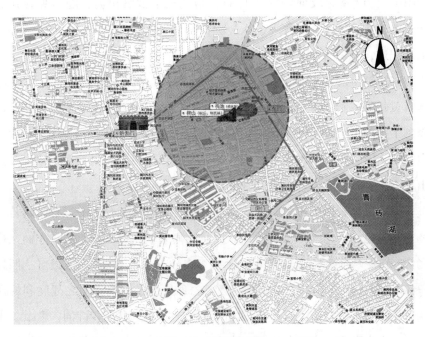

图 7-1　柯山位置图

# 第八章　赤壁（赤壁矶、徐公洞）

苏东坡描写黄州的山，有"山水清远，土风厚善"（《书韩魏公黄州诗后》）、"滨江带山"（《答毕仲举书》)"、"月出于东山之上"（《赤壁赋》）、"此间但有荒山大江，修竹古木"（《与言上人》)之句，看山皆是山。他写于黄州的 700 多篇作品中，提到黄州的山名只有一次，是在《记梦赋诗》的日记中，记述写一首诗给朋友潘大临，出于尊重，把潘大临的住处写为"柯山"。在《黄泥坂词》和《上巳日，与二三子携酒出游，随所见辄作数句，明日集之为诗，故辞无伦次》等作品中，都写成"柯丘"。此外，不见山名记述，可谓看山不是山。

东坡笔下的赤壁显然是一座山，而且是黄州城外最高的山，海拔 82 米。黄州宋城和明清城都依此山脉而建。明代初年，新筑的黄州城北城墙修到了山顶上，为了便于识别，人们把这座山按山脊走向分解成了"两耳山""玉几山""龙王山""聚宝山""赤鼻山"，还将向南的余脉称为"黄冈山"，遗忘了苏东坡曾经记述的柯山。

赤壁以地貌特征命名。它是黄州古城西北的一座石矶山，石矶状若悬鼻，且颜色赭赤，人称"赤鼻矶"。因矶陡峭如壁，耸立于江滨，人们又称之为"赤岸""赤壁"。江流其下，奔腾东去，古人描写其"烟霞澄鲜，照耀一江"。早在东晋末年，此地就建有纪念孙吴抗击曹魏赤壁之战胜利的横江馆。苏轼来黄之前，黄州与三国战事相连之事多出现在诗词、歌赋、小说中，文人骚客对赤壁大战心驰神往。苏东坡"一词二赋"使赤壁名扬四海后，赤壁渐为南来北往的迁客骚人游览胜地。明朝以前，历代文献称其为

"黄州赤壁"。清康熙末年，黄州知府郭朝祚景仰文学大家苏东坡，将黄州赤壁改为"东坡赤壁"，自此，黄州赤壁称谓渐为"东坡赤壁"所替代。

# 第一节　苏东坡赤壁诗词文

《秦太虚题名记》，作于元丰三年(1080)八月：

> 览太虚题名，皆予昔时游行处。闭目想之，了然可数。始予与辩才别五年，乃自徐州迁于湖。至高邮，见太虚、参寥，遂载与俱。辩才闻予至，欲扁舟相过，以结夏未果。太虚、参寥又相与适越，云秋尽当还。而予仓卒去郡，遂不复见。明年，予谪居黄州，辩才、参寥遣人致问，且以题名相示。时去中秋不十日，秋潦方涨，水面千里，月出房、心间，风露浩然。所居去江无十步，独与儿子迈棹小舟至赤壁，西望武昌山谷，乔木苍然，云涛际天，因录以寄参寥，使以示辩才，有便至高邮，亦可录以寄太虚也。

《记赤壁》(《东坡志林》中名为《赤壁洞穴》)，作于元丰五年四五月间：

> 黄州守居之数百步为赤壁，或言即周瑜破曹公处，不知果是否？断崖壁立，江水深碧，二鹘巢其上。上有二蛇，或见之。遇风浪静，辄乘小舟至其下。舍舟登岸，入徐公洞。非有洞穴也，但山巉深邃耳。《图经》云是徐邈。不知何时人，非魏之徐邈也。岸多细石，往往有温莹如玉者，深浅红黄之色，或细纹如人手指螺纹也。既数游，得二百七十枚，大者如枣栗，小者如芡实。又得一古铜盆，盛之，注水粲然。有一枚如虎豹首，有口鼻眼处，以为群石之长。

《怪石供》，作于元丰五年五月：

《禹贡》："青州有铅松怪石。"解者曰："怪石，石似玉者。"今齐安江上往往得美石，与玉无辨，多红黄白色，其文如人指上螺，精明可爱，虽巧者以意绘画有不能及。岂古所谓怪石者耶?

凡物之丑好，生于相形，吾未知其果安在也。使世间石皆若此，则今之凡石复为怪矣。海外有形语之国，口不能言，而相喻以形。其以形语也，捷于口，使吾为之，不已难乎?故夫天机之动，忽焉而成，而人真以为巧也。虽然，自禹以来怪之矣。

齐安小儿浴于江，时有得之者。戏以饼饵易之。既久，得二百九十有八枚。大者兼寸，小者如枣、栗、菱、芡。其一如虎豹，首有口鼻眼处，以为群石之长。又得古铜盘一枚，以盛石，挹水注之粲然。而庐山归宗佛印禅师适有使至，遂以为供。

禅师尝以道眼观一切，世间混沦空洞，了无一物，虽夜光尺璧与瓦砾等，而况此石。虽然，愿受此供。灌以墨池水，强为一笑。使自今以往，山僧野人，欲供禅师，而力不能办衣服饮食卧具者，皆得以净水注石为供，盖自苏子瞻始。时元丰五年五月。黄州东坡雪堂书。

《后怪石供》，作于元丰五年五月后：

苏子既以怪石供佛印，佛印以其言刻诸石。苏子闻而笑曰："是安所以来哉?予以饼易诸小儿者也，以可食易无用，予既足笑矣，彼又从而刻之。今以饼供佛印，佛印必不刻也。石与饼何异?"参寥子曰："然。供者，幻也。受者，亦幻也。刻其言者，亦幻也。夫幻何适而不可?"举手而示苏子曰："拱此而揖人，人莫不喜；戟此而詈人，人莫不怒。同是手也，而喜怒异，世未有非之者也。子诚知拱、戟之皆幻，则喜虽存而根亡。刻与不刻，无不可者。"苏子大笑曰："子欲之耶?"乃亦以供之。凡二百五十，并二石盘去。

《念奴娇·赤壁怀古》，作于元丰五年七月：

大江东去，浪淘尽，千古风流人物。故垒西边，人道是，三国周郎赤壁。乱石穿空，惊涛拍岸，卷起千堆雪。江山如画，一时多少豪杰。遥想公瑾当年，小乔初嫁了，雄姿英发。羽扇纶巾，谈笑间，樯橹灰飞烟灭。故国神游，多情应笑我，早生华发。人生如梦，一樽还酹江月。

《赤壁赋》，作于元丰五年七月：

壬戌之秋，七月既望，苏子与客泛舟游于赤壁之下。清风徐来，水波不兴。举酒属客，诵明月之诗，歌窈窕之章。少焉，月出于东山之上，徘徊于斗牛之间。白露横江，水光接天。纵一苇之所如，凌万顷之茫然。浩浩乎如冯虚御风，而不知其所止，飘飘乎如遗世独立，羽化而登仙。

于是饮酒乐甚，扣舷而歌之。歌曰："桂棹兮兰桨，击空明兮溯流光，渺渺兮予怀，望美人兮天一方。"客有吹洞箫者，倚歌而和之。其声呜呜然，如怨如慕，如泣如诉，余音袅袅，不绝如缕。舞幽壑之潜蛟，泣孤舟之嫠妇。

苏子愀然，正襟危坐而问客曰："何为其然也?"客曰："'月明星稀，乌鹊南飞'，此非曹孟德之诗乎?西望夏口，东望武昌，山川相缪，郁乎苍苍，此非孟德之困于周郎者乎?方其破荆州，下江陵，顺流而东也，舳舻千里，旌旗蔽空，酾酒临江，横槊赋诗，固一世之雄也，而今安在哉?况吾与子渔樵于江渚之上，侣鱼虾而友麋鹿。驾一叶之扁舟，举匏樽以相属。寄蜉蝣于天地，渺沧海之一粟，哀吾生之须臾，羡长江之无穷。挟飞仙以遨游，抱明月而长终，知不可乎骤得，托遗响于悲风。"

　　苏子曰:"客亦知夫水与月乎?逝者如斯,而未尝往也。盈虚者如彼,而卒莫消长也。盖将自其变者而观之,则天地曾不能以一瞬;自其不变者而观之,则物与我皆无尽也,而又何羡乎!且夫天地之间,物各有主,苟非吾之所有,虽一毫而莫取。惟江上之清风,与山间之明月,耳得之而为声,目遇之而成色,取之无禁,用之不竭,是造物者之无尽藏也,而吾与子之所共适。"

　　客喜而笑,洗盏更酌。肴核既尽,杯盘狼藉。相与枕藉乎舟中,不知东方之既白。

《帖赠杨世昌》,作于元丰五年十月十五日:

　　十月十五日夜,与杨道士泛舟赤壁,饮醉,夜半,有一鹤自江南来,翅如车轮,戛然长鸣,掠余舟而西,不知其为何祥也,聊复记云。

《后赤壁赋》,作于元丰五年十月:

　　是岁十月之望,步自雪堂,将归于临皋。二客从予,过黄泥之阪。霜露既降,木叶尽脱,人影在地,仰见明月。顾而乐之,行歌相答。

　　已而叹曰:"有客无酒,有酒无肴,月白风清,如此良夜何?"客曰:"今者薄暮,举网得鱼,巨口细鳞,状如松江之鲈。顾安所得酒乎?"归而谋诸妇。妇曰:"我有斗酒,藏之久矣,以待子不时之需。"于是携酒与鱼,复游于赤壁之下。江流有声,断岸千尺。山高月小,水落石出。曾日月之几何,而江山不可复识矣。予乃摄衣而上,履巉岩,披蒙茸,踞虎豹,登虬龙,攀栖鹘之危巢,俯冯夷之幽宫。盖二客不能从焉。划然长啸,草木震动。山鸣谷应,风起水涌。予亦悄然而悲，肃然而恐，凛乎其不可留也。反而登舟，放乎中流，听其所止而休焉严。时夜将半，四顾寂寥。适有孤鹤，横江东来。翅如车轮，玄裳缟衣，戛然长鸣，掠予舟而西也。

须臾客去，予亦就睡。梦一道士，羽衣蹁跹，过临皋之下，揖予而言曰："赤壁之游乐乎？"问其姓名，俯而不答。"呜呼！噫嘻！我知之矣。畴昔之夜，飞鸣而过我者，非子也邪？"道士顾笑，予亦惊寤。开户视之，不见其处。

《赤壁矶下李委吹笛并引》：

元丰五年十二月十九日，东坡生日。置酒赤壁矶下，踞高峰，俯鹊巢。酒酣，笛声起于江上。客有郭、古二生，颇知音，谓坡曰："笛声有新意，非俗工也。"使人问之，则进士李委闻坡生日，作新曲曰《鹤南飞》以献。呼之使前，则青巾紫裘腰笛而已。既奏新曲，又快作数弄，嘹然有穿云裂石之声，坐客皆引满醉倒。委袖出嘉纸一幅，曰："吾无求于公，得一绝句足矣。"坡笑而从之。

《与范子丰》（又名《赤壁记》），作于元丰六年八月五日：

黄州少西山麓，斗入江中，石室如丹。《传》云"曹公败所"所谓赤壁者。或曰：非也。时曹公败归华容路，路多泥泞，使老弱先行，践之而过，曰："刘备智过人而见事迟，华容夹道皆葭苇，使纵火，则吾无遗类矣。"今赤壁少西对岸，即华容镇，庶几是也。然岳州复有华容县，竟不知孰是？

今日李委秀才来相别，因以小舟载酒饮赤壁下。李善吹笛，酒酣作数弄，风起水涌，大鱼皆出。山上有栖鹊，亦惊起。坐念孟德、公瑾，如昨日耳。适会范子丰兄弟来求书字，遂书以与之。

《徐君猷挽词》,作于元丰六年十一月:

　　一舸南游遂不归,清江赤壁照人悲。请看行路无从涕,尽是当年不忍欺。

　　雪后独来栽柳处,竹间行复采茶时。山城散尽樽前客,旧恨新愁只自知。

# 第二节　赤壁的沿革与变迁

早在一千八百多年前,赤壁就以其独特的地理地貌为世人称道,东汉人桑钦在其《水经》中载:"江水又左径赤鼻山南。"东汉建安年间,曹操之子曹植随父南征,在其《求自试表》中记曰:"臣昔从先武皇帝南极赤岸……"清人赵一清注:"赤岸,赤壁也。"

赤壁最早的纪念性建筑物——横江馆,是东晋时期的龙骧将军蒯恩为纪念赤壁之战而建造的,主旨是称颂孙权、周瑜战败曹操大军的功绩。

赤壁之战的参与者王粲在《英雄记》中说:"周瑜镇江夏。曹操欲从赤壁渡江南。"曹操的儿子曹植在《求自试表》中说:"臣昔从先武皇帝南极赤岸。"东汉人桑钦《水经》云:"江水又左径赤鼻山南。"北魏郦道元注曰:"山临侧江川。"赤鼻山、赤壁、赤岸同地异名,皆指今人熟知的黄州赤壁。

南朝人庾信在《哀江南赋》中说:"张辽临于赤壁,王濬下于巴丘。乍风惊而射火,或箭重而回舟。未辨声于黄盖,已先沉于杜侯。……钓台斜趋,望赤壁而沾衣。"

唐代大诗人李白在《赤壁送别歌》中说:"二龙争战决雌雄,赤壁楼台扫地空。烈火张天照云海,周郎于此破曹公。"

晚唐大诗人杜牧在《齐安郡晚秋》诗中说:"柳岸风来影渐疏,使君家似野人居。……可怜赤壁争雄渡,唯有蓑翁坐钓鱼。"在《赤壁》绝句里,杜牧感慨万千地写道:"折戟沉沙铁未销,自将磨洗认前朝。东风不与周郎便，铜雀春深锁二乔。"

隋唐时，赤壁建筑物日益增多，其中最为知名是刘嗣之建造的四望亭与无名氏修建的月波楼、涵辉楼。北宋咸平元年（998），大文学家王禹偁被贬为黄州知州。他非常重视黄州地方文物的保护工作，除修葺文宣王庙、月波楼外，还在黄州城西北隅废墟上建有两间小竹楼，并为此写出千古名篇《黄州新建小竹楼记》。

北宋韩琦因年幼丧父，于天圣年间随兄韩琚（时任黄州知州）读书于黄州安国寺，有诗"临江三四楼，次第压城首"名句状写当时黄州赤壁的景色。据方志学家王葆心考记："宋时之赤壁有可考者，其时盖与竹楼、月波楼、栖霞楼……迤西南而相差次，而赤壁尝位其东北。"

图 8-1　（明）文徵明《赤壁赋图》中的黄州赤壁和明代黄州城汉川门

元丰五年七月与十月，苏东坡先后两次月夜泛舟游于赤壁之下，并写出千古绝唱赤壁"两赋一词"。自苏东坡著"两赋一词"之后，"三国周郎赤壁"之名渐为"黄州赤壁"所取代，黄州赤壁名扬四海。

北宋人张耒在《明道杂志》中说："黄州，江南流在州西。……去治无百步，有山入江，石崖颇峻峙，土人言此赤壁矶也。……南人谓山入水处为矶。"

南宋人陆游在《入蜀记》中说："循小径，绕州宅之后，至竹楼……楼下稍东即赤壁矶。……此矶，《图经》及传者皆以为周公瑾败曹操之地。……二十日，晓离黄州，江平无风，挽船正自赤壁矶下过，多奇石，五色错杂，粲然可爱，东坡先生《怪石供》是也。"

南宋人范成大在《吴船录》中说："黄冈岸下素号不可泊舟，行旅患之。余舟亦移泊一湾渚中，盖江为赤壁一矶所撄，流转甚驶，水纹有晕，散乱开合，全如三峡。"

王葆心对陆、范二人记载予以考证后说："据此，则竹楼在赤壁山上，栖霞楼又在竹楼之西。(王)元之记竹楼在城西北隅，赤壁方位正在城西北。范氏此说又恰与王氏记合，则当口之赤壁矶殆大类今之黄鹄矶。其上建竹楼及栖霞，亦如黄鹄矶上建黄鹤楼及北榭。但黄鹤面北，栖霞面西。由栖霞一转即竹楼……故竹楼、栖霞本与赤壁相连络，游必并游。"这些记载和考证将南宋时赤壁的景物记载得翔实、清楚。

"嘉定兵火黄州石碑多焚毁。因碑毁，知当日赤壁城头之四楼亦与并焚毁。"南宋嘉定年间，金国大将仆散安贞率 10 万精兵攻陷麻城之后，兵分三路进攻黄州。黄州官军无力抗拒金兵强大攻势，不到半月，黄州城陷。城内被洗劫一空，房舍、古木、修竹全被烧毁，几十里不见炊烟。历时百年的赤壁各类古建筑物亦化为灰烬，赤壁楠竹自此绝迹。到元朝至正初年，黄州城域空旷荒芜，甚至有老虎出入长圻村。

南宋人王象之在《舆地纪胜》卷四十九"景物"下记述说："赤壁矶，在州治之北，东坡作《赤壁赋》，谓为周瑜破曹操处。""聚宝山，在州治之后，赤壁之上，山多小石，红黄粲然，东坡所作《怪石供》，即此石也。"

南宋人祝穆在《方舆胜览》卷五十"黄州"之下记述说："赤壁山，《水经》载赤鼻山，《齐安拾遗》遂以赤鼻山为赤壁山……子瞻尝云：'黄州守居之数百步为赤壁，或言即周瑜破曹公处，不知(果)是否……' 聚宝山，在赤壁之上，山多小石，红黄灿然，东坡苏子瞻所作《怪石供》即此也。""徐公洞，苏子瞻云'非有洞穴，但深邃耳。'《图经》云徐邈，不知何人。"

百余年之后，元代人在赤壁山岗重建竹楼等亭台楼阁，但在元末这些建筑又一次毁于兵火。

明代在黄州城西北部先后恢复唐宋以来黄州著名的四大名楼，并增建羡江楼等十几座楼台亭阁。这是赤壁第二次辉煌壮观的时期，然好景不长，明崇祯十六年(1643)，张献忠所部及"革左五营"攻打黄州之前，黄州府城官军害怕敌军利用赤壁处的高楼窥探城内军情，便将赤壁所有建筑物付之一炬。

明弘治《黄州府志》载："赤壁山，在府城西北、汉川门外。《大明一统志》云：'屹立江滨，截然如壁而有赤色，因名。'"

明万历《黄冈县志》载；"赤壁，在汉川门外，距城仅跬步。波光山翠，足供眺览，宋苏轼此作赋，遂名满海内。"

清人宋荦《筠廊偶笔》："齐安聚宝山多怪石，世庙中王梦泽之侄得红石如钱，上有'万历通宝'四字。余判黄州，得十六枚，作《怪石赞》，为雪堂小品之一。"

清光绪八年《黄冈县志》载："赤壁，本名赤鼻山，在城西北江滨，屹立如壁，其色赤，亦名赤壁。唐杜牧刺黄时已有诗。玉屏山在其后，双峰峙护，实郡城北障。山嘴为红霞岫。""白龟渚，赤壁矶下。""红霞岫，在赤壁矶之下。邑人洪周禄题曰'红霞岫'。上有韭，传为仙人所种，冬夏不枯。今颓。徐公洞，赤壁后坡。其下有岩，苏子瞻云非有洞穴，但山崦深邃耳。《图经》云是徐邈，非魏之徐邈也。""浮翠亭，见聚宝山。""聚宝山，城北里许，产异石，宋苏轼作《怪石供》，即此山石也。山有浮翠亭、宝石泉。""两耳山，聚宝山旁，状如两耳。龙王山，两耳山东南，上祀龙王，有庙，形家以为府城落脉要处。民间窃葬，郡中辄受犯害，查禁不可稍宽。玉几山，龙王山南，紧护城北，形如玉几，又名玉屏。"

清光绪十年《黄州府志》载："赤鼻山，在城西北江滨，屹立如壁，其色赤。玉屏山在其后，双峰峙护，实郡城北障。宋苏轼游此，作赋，遂指为吴魏鏖战之赤壁……""聚宝山，在县北二里，产小石，光莹类玛瑙，宋苏轼作《怪石供》即此山石也。山有浮翠亭，后有泉，极甘美，名宝山泉。"
"白龟渚，在赤壁矶下，晋毛宝军人有买一白龟，养之渐大，放于江。后
宝守邾，石虎来寇。城陷，军士及宝赴江，死者甚众。养龟人坠水，觉有
物负之，登东岸，乃所放龟也。明嘉靖间，知府郭凤仪刻石，曰'白龟
渚'，作龟形于下。"

清光绪年间，黄州赤壁以"长江十大战迹"之一载入当时最权威的地理
志书《长江图说》之中。

黄州赤壁现有二赋堂、雪堂、东坡祠、栖霞楼、挹爽楼、碑阁、留仙
阁、羽化亭、放龟亭、睡仙亭、坡仙亭、酹江亭、问鹤亭、快哉亭、望江
亭、慨然斋、石字藏、苏东坡塑像、白石龟、剪刀峰等建筑与观赏景物。
景区内的建筑以院落景门相连，巧嵌于峭壁石矶之上，与地形结合浑然成
一体，巧夺天工，为园林建筑中的佳作，故有"江山如画"的美誉。

1956 年，东坡赤壁为湖北省首批省级重点文物保护单位，2006 年被国
务院评为全国重点文物保护单位。

黄州赤壁既以"江山如画"的美景名重寰宇，又以其诗文之盛驰名天
下。那震撼古今的三国赤壁之战事与那滔滔的大江、峥嵘的亭阁、壮美的
风光、雄奇的山石，为历代诗人提供了谱写不尽的题材。黄州赤壁现存历
代骚人墨客的诗文数以千计。

明代赤壁许多建筑物都是以纪念苏东坡黄州生活遗迹为主题的。其建
筑物有涵辉楼、竹楼、月波楼和栖霞楼，还有羡江楼、水月亭、问鹤亭、
东白亭、清风桥、共适轩等。黄州人朱日濬当年目睹赤壁焚毁情形，后来
为此事撰文(即《论往事》)称："黄州府北城外即苏东坡赤壁也。"由此可
知，早在明朝末期，黄州人便称黄州赤壁为苏东坡赤壁。

清康熙初年黄州知府于成龙重修赤壁，将所建屋宇命名为"二赋堂"，
凸显东坡文化。

黄州人在赤壁修建苏文忠公祠(俗称苏公祠)，到康熙末年，黄州知府
郭朝祚修葺赤壁，因其景仰苏东坡的文学才华，便将赤壁建筑群冠以"东

坡赤壁"，并亲自题写"东坡赤壁"匾额，将其镶嵌于围墙大门的门楼上。自此"东坡赤壁"之名取代"黄州赤壁"。

清乾隆、嘉庆、道光年间，赤壁曾大修过四次，增其规制，古建筑群落得以完善，墨客骚人游历不绝，赤壁文化日渐繁盛。到清咸丰年间，清军同太平天国军在黄州发生过五次大战，黄州古城、赤壁等地古建筑毁于战火。

清同治七年（1868），战争刚结束，黄冈人刘维桢（清军提督、蓝翎五品军功）出巨资，率营弁修复赤壁。其间重建石级，绕山麓右旋，建山门，仍命名"东坡赤壁"。门内左为万仞堂，下为苏文忠公祠。祠右为二赋堂。二赋堂后又有剪刀峰、玩月台。二赋堂前右转为坡仙亭、御书亭、睡仙亭、放龟亭等。

清光绪十年（1884），黄冈县教谕陈宝树等于二赋堂侧添建留仙阁，黄州知府英启作《留仙阁记》以彰其盛举。光绪十六年（1890），黄冈知县杨寿昌（字葆初，四川成都人）委托著名书画鉴赏家杨守敬（湖北宜都人，时任黄冈县教谕）选编苏东坡书法作品辑为《景苏园帖》6 卷。后聘请技艺高超的江姓石刻匠人复刻《景苏园帖》全套石刻 126 块，成为东坡赤壁瑰宝。

民国初，虽然黄州府撤销，但黄州长期形成的文化共同体意识依然存留于民众的心中，黄州人士捐资修葺赤壁，以葆赤壁文化的荣光。1920年，李开侁见赤壁年久失修，倡议绅商出资修葺赤壁。其间改玩月台为问鹤亭，废御书亭为酹江亭，并拓展坡仙亭。

1925 年，萧耀南（曾任两湖巡阅使）利用修樊口大闸余资维修赤壁，新建挹爽楼和喜雨亭。他还出资购回即将流失海外的国宝《景苏园帖》全套石刻 126 块，并镶嵌于挹爽楼下层四壁，名之曰"碑阁"。1932 年，蒋介石签署保护东坡赤壁布告，此后赤壁保护完好。

中华人民共和国成立后，赤壁发生巨大变化。自 1950 年黄冈专署拨款维修赤壁后，国务院、湖北省人民政府、黄冈市（地）人民政府均历年拨款修建赤壁。1956 年，东坡赤壁被定为省级重点文物保护单位后，国务院、湖北省人民政府、黄冈市（地）人民政府围绕赤壁的保护出台多项重要政策，给赤壁保护和发展创造良好的环境。赤壁由原黄冈专署文史组、地区博物馆管理到 1982 年成立黄冈地区东坡赤壁管理处，结束数百年来无专门机构管理的历史。

1978 年改革开放以来，赤壁进入全新发展时期。1984 年，黄冈地区行署发文，赤壁用地扩大到 20.27 公顷，即将赤壁后之玉儿山、龙王山老城土墙及七一水库、赤壁水库等划归赤壁风景区。政府拨款在玉儿山、龙王山密林中修建快哉亭、羽化亭、览胜亭、望江亭，新建雪堂和慨然斋。1987 年东坡赤壁风景区被列为省级风景区，成为鄂东南旅游线路。1997 年，市、区两级政府召开赤壁广场建设动员会，拆迁汉川门外两侧的机关事业单位及赤壁村居民住宅，扩大赤壁景区，优化周边环境。同年，黄冈市政府委托清华大学园林设计院专家为扩建新建景区进行设计。2001 年底，赤壁广场、黄州古城墙、月波楼、赤壁仿古一条街及其配套的附属工程竣工。

2006 年，东坡赤壁被国务院批准为第六批全国重点文物保护单位。2014 年 12 月，东坡赤壁晋升为国家 AAAA 级旅游景区。

## 第三节　《赤壁怀古》宋词第一

苏东坡的《念奴娇·赤壁怀古》曾经 87 次入选古代重要诗词集，其唱和作品达到 133 首。20 世纪以后，研究该词的文章也多达 186 篇。从宋至今，无论是在千年历史动态发展中，还是在不同的历史阶段，苏东坡的《念奴娇·赤壁怀古》都是宋词中最具影响力的名篇。其经典地位在宋金时确立；元明时进一步提升；清代则稳中稍降，仍雄居榜首；至 20 世纪，其影响力再次扩大。综观其经典化之旅，该词在创作型读者群中的影响最大，一直高位走高；其次为批评型读者群，影响力走势为"中—低—高"；在大众读者中，起始偏低，但随着时间的推移，影响力日渐强大①。

---

① 郁玉英、王兆鹏：《宋词第一名篇〈念奴娇·赤壁怀古〉经典化探析》，《齐鲁学刊》2009 年第 6 期。

# 第四节　赤壁"二赋"的立体传播

历代书画家反复书写前、后《赤壁赋》并以之为题材创作了大量"赤壁图",反映了对前、后《赤壁赋》的喜爱和推崇,代表作品有:

宋代乔仲常的《后赤壁图》,美国纳尔逊艺术博物馆收藏,是目前所存最早的"赤壁画",该图采取中国画长卷通常采用的"异时同图"的手法,分段表现苏东坡的《后赤壁赋》内容,画面分九段从右向左展开,逐一描绘了苏东坡与客游赏的进程,每段既相互独立,又连成一个整体,让我们领略到赤壁一带的佳胜,感受到当时东坡与客同游的心情。

据记载,乔仲常的老师李公麟也曾画过《赤壁图》,现已不见。

南宋高宗赵构草书《后赤壁赋》,现藏于北京故宫博物院。

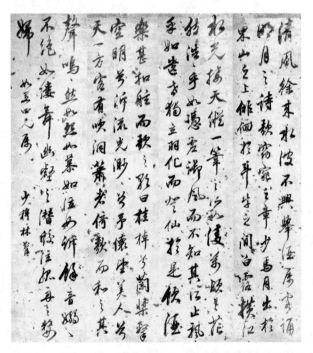

图 8-2　(清)林则徐 行草《赤壁赋》

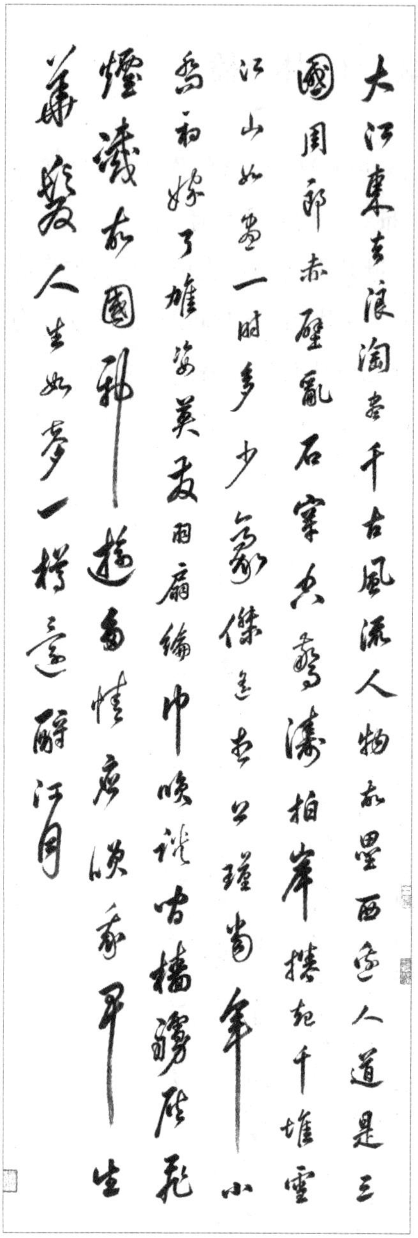

图8-3　(清)雍正 手书《赤壁怀古》
(故宫博物院藏)

南宋孝宗赵昚(shèn)草书《后赤壁赋》,现藏于辽宁省博物馆。

南宋马和之的《后赤壁赋图》,北京故宫博物院藏。

南宋马远《子瞻赤壁》,台北故宫博物院藏。

宋佚名《赤壁图》,台北故宫博物院藏。

宋杨士贤《赤壁图》,美国波士顿博物馆藏。

南宋李嵩《赤壁赋图》,美国纳尔逊艺术博物馆藏。

金代武元直《赤壁图》,台北故宫博物院藏。

元代赵孟頫行书前、后《赤壁赋》,台北故宫博物院藏。

明代文徵明与赤壁相关的作品有上海博物馆藏行书《赤壁赋》《赤壁赋图并书》;台北故宫博物院藏行书《前、后赤壁赋》及《赤壁图》《仿赵伯骕后赤壁图》《赤壁册页》;故宫博物院藏小楷《前后赤壁赋》,等等。

明代"吴门四家"的唐寅和仇英亦都画过《赤壁图》,现在流传下来的仅有仇英的三件藏品。仇英的《赤壁图卷》,在中国嘉德2007年秋拍中以7952万元人民币成交,创造了当时中国绘画拍卖成交价的世界纪录，标志着中国绘画作品的拍卖成交价首次超过 1000 万美元级别。仇英的另外两件传世作品《赤壁图》分别藏于辽宁省博物馆和上海博物馆。

明代还有顾绣《游赤壁图轴》流传下来。清末上海仕女人物画家钱慧安（1833—1911 年）也画过《后游赤壁图轴》。近现代画家中，傅抱石（1904—1965 年）也曾画《赤壁图》，以图书写文意。

以赤壁为题材的艺术品，不能不说核舟。明末魏学洢写过一篇《核舟记》，描述明代天启年间核雕艺人王叔远雕刻的橄榄核舟，明代的核雕赤壁泛舟没有实物传世，当前可以见到的只有清代实物，馆藏的代表作品有清代陈祖章橄榄核雕《赤壁夜游》（台北故宫博物院藏）、清咸丰四年（1854）橄榄核雕《苏东坡夜游赤壁花船》（广东省增城市博物馆藏）、清道光十四年（1834）湛菊生橄榄核雕《赤壁夜游》（济南博物馆藏）等。大量的赤壁橄榄核舟收藏于海内外收藏家手中。

清代，赤壁题材被广泛应用于各类艺术品创作之中，经常制作成笔筒、核雕等工艺品，其中佳作精品不少，如故宫博物院藏清掐丝珐琅《赤壁图》扁瓶、台北故宫博物院藏清雕漆《赤壁图》插屏、美国大都会博物馆藏清康熙青花《赤壁赋山水诗文》方棒槌瓶、南京博物院藏清翡翠《东坡赤壁夜游》插屏、上海嘉定竹刻博物馆藏清竹雕《赤壁泛舟》笔筒等。前、后《赤壁赋》的传播突破了单靠纸质为媒介的传统方式，瓷、玉、漆、石、竹、木、骨、角、丝、铜、金、紫砂等都成为传播载体，极大地丰富了赤壁二赋的传播途径。

## 第五节　东坡赤壁

清康熙末年，黄州知府郭朝祚因景仰苏东坡的诗文，始将其号"东坡"冠于赤壁之上，"东坡赤壁"一名沿用至今已有近 300 年的历史。

《"赤壁二赋"大书跋》，作于元丰六年十月二十四日：

去岁作《赤壁赋》，未尝轻出示人。钦之有使至，求近文，遂楷书前赋以寄，后赋笔倦未写。近日钦之来，持长卷索"二赋"，故复走笔。此二卷虽一挥而就，然几不能胜其任。钦之加意秘藏，方见爱我之深也。元丰六年十月二十四日。眉山东坡并记于黄州之临皋亭。

《书〈念奴娇·赤壁怀古〉跋》，约作于元丰六年：

久不作草书，适乘醉走笔，觉酒气勃勃，从指端出也。东坡醉笔。

《书〈前赤壁赋〉后》，作于元丰六年：

轼去岁作此赋，未尝轻出示人，见者盖一二人而已。钦之有使至，求近文，遂亲书以寄，多难畏事，钦之爱我，必深藏之不出也。又有《后赤壁赋》，笔倦未能写，当俟后信。轼白。

《书〈赤壁赋〉后》：

江汉之间，指赤壁者三：一在汉水之侧，竟陵之东，即今复州；一在齐安郡步下，即今黄州；一在江夏西南二百里许，今属汉阳县。按《三国志》，操自江陵西下，备与瑜等由夏口往而迎战，则赤壁非竟陵之东与齐安之步下矣。又赤壁初战，操军不利，引次江北，则当在江南，亦不应在江北，犹赖《水经》能证伪也。

《书"赤壁二赋"及〈归去来辞〉赠潘邠老、潘大观跋》，作于元丰七年三月：

元丰甲子，余居黄五稔矣，盖将终老焉。近有移汝之命，作诗留别雪堂邻里二三君子。独潘邠老与弟大观复求书"赤壁二赋"，余欲为书《归去来辞》，大观、盘石欲并得焉。余性不奈小楷，强应其意。然迟余行数日矣。东坡。

## 第六节  遗址定位

苏东坡笔下的赤壁，并非特指今天东坡赤壁内、清代建筑群落所在的赤壁矶一地，而应是宋代赤壁(山)及其向南延伸的一片丘陵，主体是以丹

图8-4  赤壁矶、徐公洞位置图

霞地貌为特征的红砂岩山崖，北至今龙王山、赤壁三矶头、二矶头(今放龟亭处)、一矶头(今黄州区委旧址处，西侧为五甲街)，南经魏街、嘉年华小区(原米厂)、黄州商场、原青云宾馆、原市艺校、八一小学、原棉花公司仓库至今启黄中学东侧岗地沿线一带。

徐公洞在一矶头南端，易于登岸上赤壁(山)处。

# 第九章　天　庆　观

天庆，指天上祥瑞的征兆，也用来形容喜庆的气氛。观，源自道教"观星望气"的传统，后作为道教场所的专称。

天庆观是苏东坡在黄州修行悟道的重要场所，元丰三年（1080）是他来黄州的第一年，也是他身心遭受贬谪的重大挫折，需要做出重大调整、适应变化的一年。十一月，他选择了一种简单而纯粹的生活，就是决定在冬至后斋居天庆观49天。

## 第一节　苏东坡斋居天庆观

苏东坡在天庆观的斋居生活，让他的身心在一定程度上得到修复，从某种意义上讲，身体上的调息修养，精神上的自我深省，让他走出"拣尽寒枝不肯栖"的惶恐，达到"安土忘怀，一如本是黄州人"的地步，逐渐认同自己的身份为黄州人，这说明天庆观对他的精神养炼是很重要的。

元丰三年二月，苏东坡与黄州友人一起观看黄州天庆观的法会并写下《次韵乐著作天庆观醮》一首：

> 浊世纷纷肯下临，梦寻飞步五云深。
> 无因上到通明殿，只许微闻玉佩音。

他在《与秦太虚书》中说："已借得本州天庆观道堂三间，冬至后当入此室，四十九日乃出。自非废放，安得就此？"

又在《与王定国》之八中说："非久冬至，已借得天庆观道堂三间，燕坐其中，谢客四十九日，虽不能如张公之不语，然亦常合户反视，想当有深益也。"

之所以选择斋居的生活，是因为苏东坡深切感受到了自己的身体和精神都需要调理。他在给王定国的信中说明了这一年家里的变故：他的乳母、苏辙一女和堂兄苏不欺（子正）相继去世，他自己也生病。身处异乡的他，颇觉凄凉，深感命运无常，生命脆弱，所以整个身心需要调息修养，"吾侪渐衰，不可复作少年调度，当速用道书方士之言，厚自养炼"。

他还借助道家思想来养生炼气，这一年冬至后谢客入天庆观，"斋居四十九日，亦无所行运，聊自反照而已"（《与滕道达六十八首》之二十二），调整思想就是调养身体的第一步。

## 第二节　天庆观的由来

北宋民间传统，正月初三这一天被定为天庆节，不扫地、不乞火、不汲水。为了营造"普天同庆"的节日氛围，又因"有天书下降人间"，北宋大中祥符二年（1009）七月，宋真宗下令天下所有州县都要建立天庆观，十月，"宜令诸路州府军县开择官地建道观，或改旧宫观名题而崇葺之，以奉三清玉皇，并以天庆为额"①。当时全国建天庆观不下千所。大中祥符五年（1012）十月，真宗又导演了一出"圣祖降"的闹剧，诏令天下天庆观内建圣祖殿，订立官吏朝拜仪制。此后，天庆观就成了宋朝官员朝拜的重要场所，据《宋会要辑稿·礼五·祠宫观·天庆观》记载：

宋真宗大中祥符八年（1015）正月，礼仪院言："诸路天庆观圣祖殿，其转运司、提点刑狱官巡历所到，并穿执烧香。长吏以下除天庆观天贶、先天降圣节、冬至、三元日，率州城内命官齐赴朝拜，每到任、得替，并先诣观朝谒及辞。"②

---

① （宋）李攸：《宋朝事实》，中华书局 1985 年版，第 110 页。
② （清）徐松：《宋会要辑稿》，中华书局 1957 年版，第 474 页。

可以看出，除了"天贶、先天降圣节、冬至、三元日"外，其他重大节日所有官员皆须到天庆观朝拜。

## 第三节　史籍记载

天庆观，弘治《黄州府志》记为玄妙观，唐贞观年间（公元627—649）道士李云外始建。北宋大中祥符五年（1012），宋真宗追尊赵玄朗为上灵高道九天司命保生天尊大帝，庙号圣祖，玄、朗二字避讳，玄妙观改名天庆观。

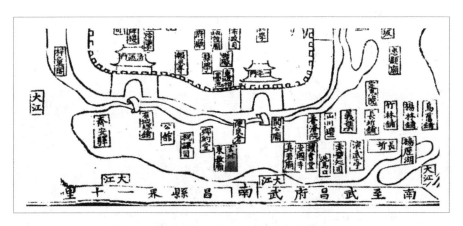

图 9-1　明弘治《黄州府志》城图中的玄妙观位置

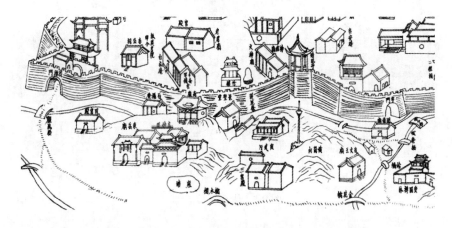

图 9-2　清光绪八年（1882）《黄冈县志》县城图中的玄妙观（天庆观）位置

明弘治《黄州府志》记载，玄妙观"在城南二里。唐贞观间道士李云外建，宋为天庆观，元为玄妙观，元末兵燹。洪武四年……重修，立'景祐真君祠'于左，立'东岳行祠'于右。景泰五年(1454)，知县徐缙领府县同寅及道纪毛下美、提缘晰建三清殿。成化年间，知府王霁提调建通明殿于三清殿后，原设本府道纪司在此观内。"

天庆观在元代复称玄妙观，元末毁于兵灾。明代重修。

## 第四节　遗址定位

按明、清府县志记载及图示，天庆观位于宋城西端，明清府城西南，地处清源门与一字门之间，安国寺西北。

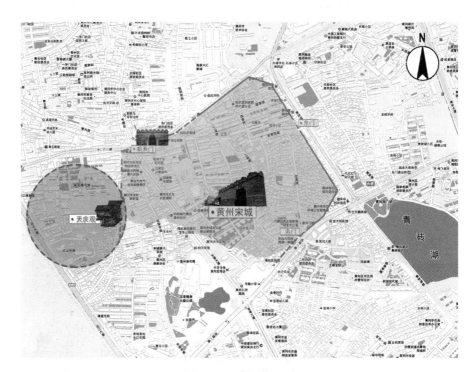

图 9-3　天庆观位置图

# 第十章　承　天　寺

　　承天寺驰名后世是因为苏东坡的一篇小品文。元丰六年(1083)十月十二日夜，住在临皋亭的苏东坡被入户的美好月色吸引，便步行到承天寺，邀请寓居寺内的张怀民(字偓佺、梦得)一起赏月，并为此创作了《记承天寺夜游》。苏东坡在诗中描述了一个月夜，他原本准备解衣入睡，但被美丽的月色所吸引，于是起身出门。由于没有其他人一同欣赏这月色，他便去承天寺寻找张怀民。张怀民也未睡，两人一同在庭院中散步。月光洒满庭院，如同积水空明，庭院中的竹柏影子交错，如同水中的藻荇。苏东坡感慨道，每个夜晚都有月亮，每个地方都有竹柏，但像他们这样有闲情逸致来欣赏月色的人却很少。

　　文章表达了苏东坡在贬谪生活中的感慨与自嘲，同时也展现了他与张怀民的深厚友谊。苏东坡称自己和张怀民为"闲人"，一方面流露出他们能够超然物外、欣赏自然美景的闲适心情，另一方面也反映了他们因政治失意而被迫闲居的无奈与讽刺。

　　张怀民同样因政治原因被贬至黄州，与苏东坡有着相似的命运。两人在承天寺的夜游，不仅是一次简单的散步，更是两位文人在困顿中寻求精神慰藉的方式。这篇文章对后世产生了深远的文学影响：这篇散文以其洗练的语言和深邃的情感，影响了后世文人对文学创作风格的追求。它体现了苏东坡"行于所当行，止于不可不止"的文学理念，即文章应自然流露，不做作，不堆砌。在情感表达上，苏东坡对月夜美景的描绘与内心情感的抒发，成为表达类似情感的范例。它教导后人如何在文学创作中将个人情感与自然景观巧妙结合。文章中表现出的旷达乐观的人生态度，对后世文人的人生观有着积极的启示作用。在面对人生逆境时，如何保持乐观心

图 10-1 陈康侯 承天寺夜游
图轴（蚌埠美术馆藏）

态，从自然中寻找慰藉，成为许多文人追求的生活哲学。《记承天寺夜游》常被选入文学教材之中，作为教授文言文和古代文学的重要篇章。它不仅让学生学习文言文的语言特点，更引导学生理解古代文人的思想情感。在当代，通过短视频等新型传播形式，苏东坡的《记承天寺夜游》得到了新的诠释和传播，使得这篇古文焕发出新的生机，吸引了更多年轻一代的关注。《记承天寺夜游》不仅在文学史上占有重要地位，而且对后世的文学创作、教育、文化传播等方面都有着不可磨灭的影响。

## 第一节　夜游承天寺

1803 年十月十二日夜，住在黄州临皋亭的苏东坡被入户的美好月色吸引，便步行到承天寺，邀请寓居寺内的张怀民一起赏月，并为此创作了此文。这篇小品随笔虽然只有 80 多个字，却是苏东坡散文的代表作之一。《记承天寺夜游》中"遂至承天寺寻张怀民。怀民亦未寝，相与步于中庭"。张怀民当时被贬黄州（在苏东坡被贬 4 年后被贬），与苏东坡可以算是志同道合的人。怀民，即张怀民，宋时清河（今属江苏省）人。元丰六年贬至黄州，寓居承天寺。由于相同的处境，苏东坡与张怀民友谊笃厚。《苏文忠公诗编注集成总案》云："元丰六年癸亥。十月十二日，月夜过承天寺，访张梦得，相与步于中庭，庭下积水空明，水中藻荇交横，皆竹柏影也。书张梦得所赠墨。"

图 10-2　（宋）马麟《秉烛夜游图》（台北故宫博物院藏）

### 记承天寺夜游

元丰六年十月十二日夜，解衣欲睡，月色入户，欣然起行。念无与为乐者，遂至承天寺寻张怀民。怀民亦未寝，相与步于中庭。庭下如积水空明，水中藻荇交横，盖竹柏影也。何夜无月？何处无竹柏？但少闲人如吾两人者耳。

苏东坡在《与陈季常书》中说："临皋虽有一室，可憩从者，但西日可畏。承天极相近，或门前一大舸亦可居，到后相度。未间，万万以时自重。"从中可以得知临皋亭与承天寺距离非常近。

图 10-3　东坡夜游承天寺

（1923 年，王亦民）

## 第二节　承天寺由来

"承天"一名的意义，即承奉天道，顺承天意。《易·坤》载："至哉坤元，万物资生，乃顺承天。"《后汉书》云："夫求贤者，上以承天，下以为人。"

苏东坡在《黄泥坂词》中有"出临皋而东骛兮，并丛祠而北转"之说，结合《记承天寺夜游》所记，可推断苏东坡所居临皋亭与"承天极相近"，"丛祠"应包括承天寺。丛祠,本指乡野林间的神祠。由"丛祠"二字即可见承天寺的规模不大,声名不显。

承天寺至明代已不存在。明弘治《黄州府志》记载承天寺为:"古寺,在今城南大云寺前,今为民居。"

## 第三节　遗址定位

承天寺地处北宋黄州城城南,距离临皋亭不远。到明代已经是民居,弘治《黄州府志》记载:"承天寺,古寺,在今城南大云寺前,今为民居。"

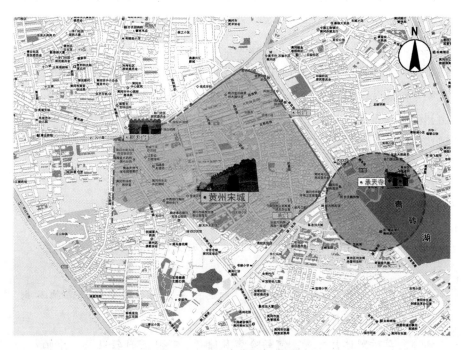

图 10-4　承天寺位置与范围图

# 第十一章　沙湖（螺师店）

沙湖的形成，源于黄州的地理位置。黄州地处长江与巴河交汇之地，境内又有长河穿境汇入长江，水涨泥沙淤积成滩，水退积水成湖。苏东坡在沙湖买田，并且在这里游历，留下了著名的文学作品《游沙湖》和《定风波·三月七日沙湖道中遇雨》等，这些作品不仅描绘了沙湖的自然风光，也表达了苏东坡旷达超脱的人生态度。在《游沙湖》中，苏东坡详细记载了他赴沙湖游历并在这里买田，以及因此得疾从这里渡巴河赴蕲水县找名医庞安常治病及同游清泉寺的过程。通过这些作品，我们能够窥见苏东坡在黄州的生活点滴以及他与沙湖的深厚情感。

## 第一节　一蓑烟雨任平生

苏东坡涉及"沙湖"的文章有六篇。

第一篇是词作《定风波·三月七日沙湖道中遇雨》：

三月七日，沙湖道中遇雨。雨具先去，同行皆狼狈，余独不觉。已而遂晴，故作此词。

莫听穿林打叶声，何妨吟啸且徐行。竹杖芒鞋轻胜马，谁怕？一蓑烟雨任平生。

料峭春风吹酒醒，微冷，山头斜照却相迎。回首向来萧瑟处，归去，也无风雨也无晴。

第二篇是小品文《游沙湖》(一名《书清泉寺词》):

> 黄州东南三十里为沙湖,亦曰螺师店。予买田其间,因往相田,得疾。闻麻桥人庞安常善医而聋,遂往求疗。安常虽聋,而颖悟绝人,以纸画字,书不数字,辄深了人意。余戏之曰:"余以手为口,君以眼为耳,皆一时异人也。"疾愈,与之同游清泉寺。寺在蕲水郭门外二里许,有王逸少洗笔泉,水极甘,下临兰溪,溪水西流。余作歌云:"山下兰芽短浸溪,松间沙路净无泥,萧萧暮雨子规啼,谁道人生无再少?君看流水尚能西,休将白发唱黄鸡。"是日剧饮而归。

从文中可以得知,黄州的东南三十里有一个叫"沙湖"的地方,又叫"螺师(蛳)店"。

第三篇是小品文《书吕道人砚》:

> 泽州吕道人沉泥砚,多作投壶样。……黄氏初不知贵,乃取而有之。

此文记载苏东坡元丰五年(1082)三月七日到沙湖买田,偶然到沙湖路边"黄氏家",发现黄家有一方泽州吕道人制的沉泥砚。

第四篇是一封书信《答李琮书》:

> ……江水比去年甚大,郡中不为患。见说沙湖镇颇浸居民,亦江淮间常事耳。临皋港既开,往来蒙利无穷,而居民贸易之入亦不赀,但不免少有淤填,议者谓岁发少春,夫淘之甚易……

第五篇是书信《与陈季常十四首》之三:

近因往螺师店看田，既至境上，潘尉与庞医来相会。因视臂肿，
云非风气，乃药石毒也。非针去之，恐作疮乃已。遂相率往麻桥庞
家，住数日，针疗。寻如其言，得愈矣。归家，领所惠书及药，并荷
忧爱之深至，仍审比来起居佳安。曾青老翁须《传灯录》，皆已领，一
一感佩。《五代史》亦收得。所看田乃不甚佳，且罢之。蕲水溪山，乃
尔秀邃耶？庞医熟接之，乃奇士。知新屋近撰《本草尔雅》，谓一物而
多名也。见刘颂具说，深欲走观。近得公择书云，四月中乃到此。想
季常未遽北行，当与之偕往耳。非久，太守处借人遣赍家传去，别细
奉书。

第六篇是小记《庞安常善医》：

蕲州庞君安常，善医而聩。与人语，在纸始能答。东坡笑曰：吾
与君皆异人也。吾以手为口，君以眼为耳，非异人而何①。

从苏东坡的一系列记载中可以分析出"沙湖"与北宋黄州城的位置
信息：
(1)"沙湖"是一个地名，又叫"螺师(蛳)店"。
(2)"沙湖"在黄州的东南方向，经常被江水浸灌淤塞。
(3)黄州与"沙湖"的距离为30里。
苏东坡经沙湖到蕲水见庞安时疗治臂疾，庞以"廷珪墨"求东坡字，东
坡写下《书庞安时见遗廷珪墨》：

吾蓄墨多矣，其间数丸，云是廷珪造。虽形色异众，然岁久墨之

---

① "此文作于元丰五年三月。苏轼于七日去黄州东南三十里沙湖看田患疾，经蕲
水麻桥名医庞安常治愈后，与庞安常同游清泉寺。……一作《庞安常耳聩》。"参见丁永
淮、梅大圣、张社教：《苏轼黄州作品全编》，武汉出版社2010年版，第77页。

图 11-1　清乾隆五十四年(1789)《黄冈县志》中的沙湖位置

乱真者多，皆疑而未决也。有人蓄此墨再世矣，不幸遇重病，医者庞安时愈之，不敢取一钱，独求此墨。已而，传遗余，求书数幅而已。安时，蕲水人，术学造妙而有贤行，大类蜀人单骧。善疗奇疾。字安常。知古今，删录张仲景已后《伤寒论》，极精审，其疗伤寒，盖万全者也。

苏东坡到沙湖买田，共经历了五件事：

(1)"沙湖道中遇雨"，写下《定风波·三月七日沙湖道中遇雨》。

(2)从农家黄氏处收获泽州吕道人的砚台。

(3)左臂肿胀，被庞安常治好；为庞安常题字，收获南唐李廷珪的墨条。

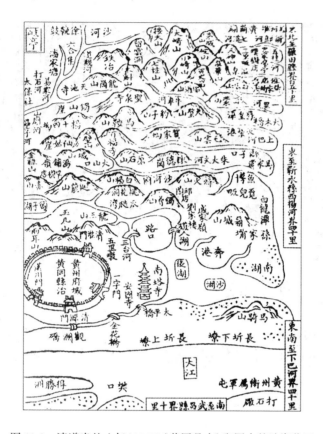

图 11-2 清道光廿八年(1848)《黄冈县志》舆图中的沙湖位置

(4)抵达蕲水，和庞安常游览清泉寺。

(5)回到黄州，将经历写成《游沙湖》。

## 第二节 史籍记载

明万历三十六年(1608)《黄冈县志》卷一中对沙湖的记载有两处：一是"山川"条："沙湖，在县东二十里东弦乡，苏东坡买田于此，一云螺蛳店。"二是阐明沙湖在白塘湖(即今白潭湖)以东："白塘湖，在县东十五里，接沙湖。"

清乾隆五十四年(1789)《黄冈县志》关于沙湖的记载与万历县志完全

相同。

清道光廿八年(1848)《黄冈县志》"山川"条：沙湖，城东三十里，苏子瞻买田处，一名螺蛳店。

清光绪八年(1882)《黄冈县志》关于沙湖的记载与道光县志完全相同。

## 第三节 遗址定位

根据文献和实地考察，苏东坡词作《定风波·三月七日沙湖道中遇雨》和文章《游沙湖》《书吕道人砚》中的"沙湖"位于今湖北省黄冈市黄州区南湖街道办事处范围。沙湖黄氏家则是沙湖(螺师店)乡村中一处黄姓民宅，其地点在沙湖范围内。

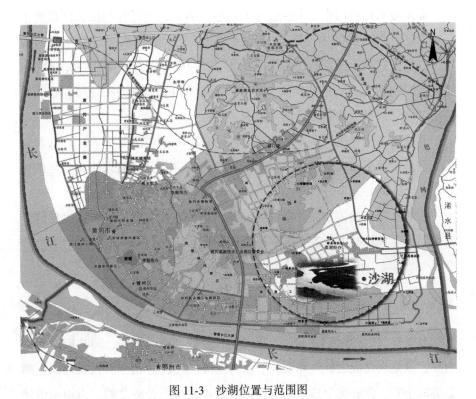

图 11-3　沙湖位置与范围图

# 第十二章　快哉亭、君子泉

　　快哉亭是苏东坡在黄州时期，由其好友张怀民所建的一座亭子，位于黄州的江边，用以观赏长江的壮丽景色。苏东坡为此亭题名"快哉亭"，并创作了著名的《水调歌头·黄州快哉亭赠张偓佺》这首词，通过词作表达了他对快哉亭周围壮丽山光水色的赞美，以及他旷达豪迈的处世精神。

　　苏东坡的这首词作于宋神宗元丰六年（1083），当时他与张怀民都处于贬官时期。在这首词中，苏东坡描绘了快哉亭下的江水与碧空相接的美景，以及他在亭上所见的江南烟雨和山色。词中还提到了宋玉的"风赋"和庄子的"天籁"，通过这些典故，苏东坡表达了自己即使身处逆境，也能保持浩然之气，享受快意生活的人生观。

　　苏辙也为此亭撰写了《快哉亭记》，在文中记述了快哉亭的景色和意义，并借楚襄王与宋玉的故事，阐述了风无雌雄之分，而人的快乐与忧愁取决于个人的心态，进一步强调了苏东坡词中表达的人生哲学。

　　快哉亭及其相关作品，不仅展现了苏东坡在文学上的才华，也反映了他面对人生挫折时的乐观态度和超然情怀。

## 第一节　快哉亭

　　苏辙在《快哉亭记》中说："清河张君梦得，谪居齐安，即其庐之西南为亭，以览观江流之胜，而余兄子瞻名之曰'快哉'。"谓张怀民虽屈居主簿之类的小官，但心胸坦然，绝不挂碍于迁谪之事，公务之暇，以山水怡情悦性，处逆境而无悲戚之容，是位有过人自制力和品格清高超逸的人。

## 一、千里快哉风

元丰六年(1083)，清河人张怀民贬谪黄州。十一月，他在黄州城之西南新居边新筑一亭，以观览长江胜景，苏东坡将其命名为"快哉亭"，并作《水调歌头·黄州快哉亭赠张偓佺》词相赠：

> 落日绣帘卷，亭下水连空。知君为我新作，窗户湿青红。长记平山堂上，欹枕江南烟雨，杳杳没孤鸿。认得醉翁语，山色有无中。一千顷，都镜净，倒碧峰。忽然浪起，掀舞一叶白头翁。堪笑兰台公子，未解庄生天籁，刚道有雌雄。一点浩然气，千里快哉风。

这是他在黄州期间的一首著名的豪放词。

苏辙听闻此讯，欣然作《黄州快哉亭记》，文中说：

> 江出西陵，始得平地。其流奔放肆大，南合湘、沅，北合汉、沔，其势益张。至于赤壁之下，波流浸灌，与海相若。清河张君梦得谪居齐安，即其庐之西南为亭，以览观江流之胜，而余兄子瞻名之曰"快哉"。
>
> 盖亭之所见，南北百里，东西一舍。涛澜汹涌，风云开阖。昼则舟楫出没于其前，夜则鱼龙悲啸于其下，变化倏忽，动心骇目，不可久视。今乃得玩之几席之上，举目而足。西望武昌诸山，冈陵起伏，草木行列，烟消日出，渔夫樵父之舍，皆可指数，此其所以为"快哉"者也。至于长洲之滨，故城之墟，曹孟德、孙仲谋之所睥睨，周瑜、陆逊之所驰骛，其流风遗迹，亦足以称快世俗。
>
> 昔楚襄王从宋玉、景差于兰台之宫，有风飒然至者，王披襟当之，曰："快哉，此风！寡人所与庶人共者耶？"宋玉曰："此独大王之

雄风耳，庶人安得共之！"玉之言盖有讽焉。夫风无雌雄之异，而人有遇不遇之变。楚王之所以为乐，与庶人之所以为忧，此则人之变也，而风何与焉！

士生于世，使其中不自得，将何往而非病？使其中坦然，不以物伤性，将何适而非快？今张君不以谪为患，窃会计之余功，而自放山水之间，此其中宜有以过人者。将蓬户瓮牖无所不快，而况乎濯长江之清流，揖西山之白云，穷耳目之胜以自适也哉！不然，连山绝壑，长林古木，振之以清风，照之以明月，此皆骚人思士之所以悲伤憔悴而不能胜者，乌睹其为快也哉！元丰六年十一月朔日，赵郡苏辙记。

快哉亭见证了苏东坡兄弟与张怀民的友情，见证了苏氏兄弟情，更重要的是，兄弟二人有共同的志向和人生态度，苏辙的文章把他们兄弟不以贬谪为怀、随遇而安、于不快中自有大快的快意之情抒发得淋漓尽致。

## 二、史籍记载

南宋王象之《舆地纪胜》记载：快哉亭，张梦得即其庐之西南为亭，以览江流之胜，苏东坡以"快哉"目之。栾城（苏辙）为之记。坡诗云："一点浩然气，千里快哉风。"

明代曹学佺《一统名胜志》记载："临皋馆在朝宗门外，其岗上有快哉亭，张梦得建。张梦得，清河人，元丰间任黄冈知县，于朝宗门外建快哉亭，苏子由记之。"

明万历《黄冈县志》记载："快哉亭，在县南。宋清河张梦得建。苏子瞻扁曰快哉，又为作词，末句云'一点浩然气，千里快哉风'，其弟子由作记，载《艺文志》。"

清乾隆十三年（1748）《黄州府志》卷之三记载：快哉亭，在县南，宋张梦得谪齐安时建，苏辙为记。

清道光二十八年（1848），黄州知府祁宿藻、黄冈知县俞昌烈倡修快哉

图 12-1 清道光二十八年(1848)《黄冈县志·舆图》中的快哉亭位置

亭,将其移至府署内西北的城墙边,使之与月波楼毗邻。

清光绪《黄冈县志》载:"快哉亭,在城南,宋清河张梦得谪居齐安,即其庐之西为亭,以览江山之胜,苏子瞻名曰'快哉'。又为词,有云'一点浩然气,千里快哉风'。今移府治内西北。道光二十八年,知府祁宿藻、知县俞昌烈重建。"清光绪《黄州府志》载:快哉亭,在城南,宋清河张梦得谪居齐安时建,苏轼词云"一点浩然气,千里快哉风"即此。今移府治内西北。

光绪版《黄州府志》载:宜亭,在府治内,国朝知府王勋建。王勋《宜亭记》载:公署之西南隅,旧有亭曰快哉。盖宋迁客张梦得曾作亭于其室。东坡居士以是名之,其弟颍滨为之记,然非其地矣。案志:宋元时,郡城

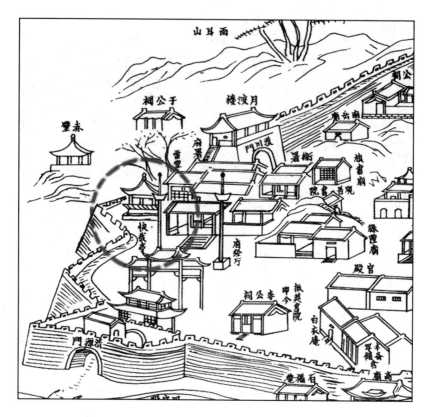

图 12-2　清光绪《黄冈县志·县城图》中的快哉亭位置

遗筑在今城南二里许，又曰："定惠院下有快哉亭，则遗址当在今清淮门外。岂在城隅哉！

三、遗址定位

根据前述史料，可知快哉亭原址在张怀民住所之西南，因南宋时改临皋亭边的瑞庆堂名为快哉堂，故明清方志皆认为北宋的快哉亭位于朝宗门外。宋代快哉亭建于宋城南门朝宗门外，与临皋亭同在江边高岗之上，有"揽视江流之胜"的观景效果。苏东坡言临皋与"承天极相近"，可见苏东坡所居临皋亭、张怀民所居承天寺及其西南的快哉亭均相隔不远。

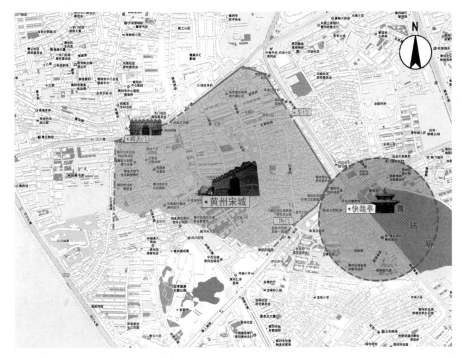

图 12-3　快哉亭位置及范围图

# 第二节　君子泉

君子泉因孟震之德行、两苏之文章，成为厚德载物的典范，彰显了黄州城"尊爱贤者"的人文底蕴。

## 一、苏东坡与孟震

苏东坡在黄州时，黄州通判名叫孟震（字仰之、亨之）。孟震有贤德，苏东坡《孟仰之》一文记述他勉力救人之事：石介之子被牵连到狂人孔直温的谋反案中，孟震上疏给素未谋面的韩琦，直言石介有"故家风流"，绝不会与孔直温同谋，韩琦依照他的意思上疏朝廷，朝廷没有追究石介，从而挽救了石介一家，所以朝中士大夫谓之为"孟君子"。

孟震在黄州的住处有一眼清泉，逢旱不枯，逢雨不溢。苏东坡将此泉命名为"君子泉"，并为孟震写下《孟仰之》一文以彰显其德行。

> 余谪居黄州，州通判承议郎孟震字仰之，颇与余相善。光州太守曹九章以书遗予云："朝中士大夫，谓之孟君子。"予徐察之，真不忝此名也。震，郓人，及进士第，无他才能。然方京东狂人孔直温以谋反下狱，事连石介守道之子，一旦捕去，且四出捕人不已。震兴守道虽故素，不识韩魏公，以书抵公，具言直温狂人无能为，而守道以直道死，其故家流风，决非与狂人通谋者。魏公感叹，即为上疏如震言。以故直温狱不深究，人皆庆，其所全活甚众。震厅宇中，有一泉甚清，大旱不竭。余因名之君子泉，而子由为之记。元丰六年十一月七日记。

苏辙专门为此写有《君子泉铭》，今铭不存，仅存铭叙，叙中写道：

> 孟君亨之，笃学而力行，克有常德，信于朋友，一时皆称之曰："此君子也。"因号之孟君子。君通守齐安，其圃有泉，旱不加损，水不加益，因名之曰"君子泉"。

苏东坡原本要把苏辙之文刻于泉上，但孟震以"名者，物之累也"的缘由谢绝了。有感于孟震的德操，苏东坡在苏辙之文后题跋道（《书子由君子泉铭后》）：

> 子由既为此文，余欲刻之泉上。孟君不可，曰："名者，物之累也。"乃书以遗之。元丰六年十一月九日题。

"苏门四学士"之一的黄庭坚在《题君子泉》中写道：

> 云梦泽南君子泉，水无名字托人贤。
> 两苏翰墨相为重，未刻他山世已传。

## 二、史籍记载

南宋王象之《舆地纪胜》记载：君子泉，云梦泽南君子泉，水无名字托人贤。两苏翰墨相为重，未刻他山世已传，言黄倅（指通判）孟震公圃中有此泉，东坡名，子由记。

南宋祝穆《方舆胜览》记载：君子泉，郡倅孟震有贤德，时称孟君子。庭中有泉，苏子瞻名之曰君子泉。黄鲁直诗：云梦泽南君子泉，水无名字托人贤。

明弘治《黄州府志》卷之四记载：君子泉，在府治北。宋通判孟震亨有贤德，时称孟君子。庭中有泉，苏轼因以名之。黄庭坚诗：云梦泽南君子泉，水无名字托人贤。年久湮塞，弘治戊午，推官罗翰因修城得泉所，浚淘及泉。庚申为建小亭，刻石记其事。

明弘治卢濬《古黄遗迹集》记载：君子泉，在府治北，宋孟通判震亨有贤德，时称孟君子，庭中有泉，东坡先生因以名焉。弘治戊午，推官罗翰修城复出。庚申，知府卢濬为筑小亭，揭匾其上而纪之。

明万历《黄冈县志》记载：君子泉，近赤壁（一云故在栖凤街，今仓巷），宋通判孟震雅有贤德，时称孟君子，庭中有泉，苏子瞻因以名之，子由为铭，子瞻为跋，黄鲁直为诗，诗载《艺文志》。府旧《志》云：弘治戊午，推官罗翰因修城得泉，建小亭，刻石。

清光绪《黄冈县志》记载：君子泉，近赤壁。一云在栖凤街，今仓巷。宋通判孟震，字亨之，有贤德，时称孟君子，庭中有泉，苏轼因以名之。辙为铭，轼为跋，黄庭坚为诗。府旧《志》云：明推官罗瀚因修城得泉，建

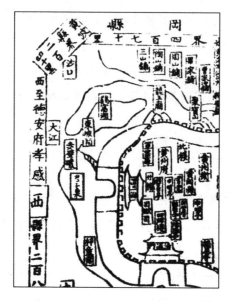

图 12-4　明弘治《黄州府志》君子泉位置

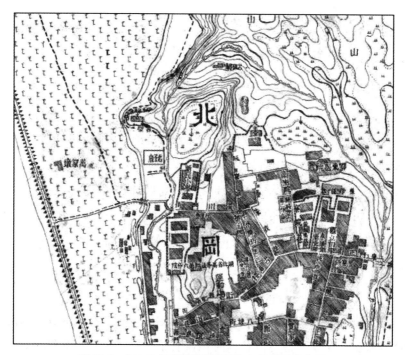

图 12-5　《1945 年黄冈县城市图》中的君子泉位置

小亭刻石。久废。

　　清乾隆《黄州府志》卷之三记载：君子泉，近赤壁。宋通判孟震有贤德，时称孟君子，庭中有泉，因以名之。苏子由为名，子瞻为跋，黄鲁直为诗。

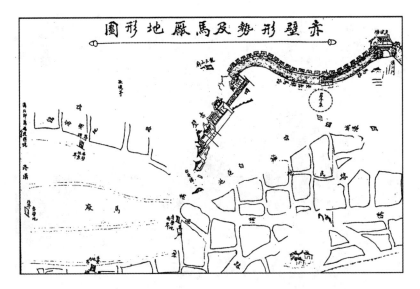

图 12-6　1931年《黄州赤壁集》赤壁形势及马厂地形图中的君子泉位置

　　清光绪《黄州府志》记载：君子泉，近赤壁(《县志》一云在栖凤街，即今仓巷)，宋通判孟震(字亨之)有贤德，时称孟君子，庭中有泉，苏轼因以名之。辙为铭，轼为跋，黄庭坚为诗。

　　民国《黄州赤壁集》"赤壁形势及马厂地形图"上有其标识：君子泉，有亭，在黄州城西北古城墙之下，即今汉川门城楼入口处右侧。

　　三、遗址定位

　　据史籍记载可知，君子泉在北宋东坡居黄时虽有诗文记载，但无明确地址描述。南宋祝穆《方舆胜览》记述通判孟震"庭中有泉"，此庭应为州治之庭，约在宋城内西北角，在火王庙路以东，南至安国寺，宝塔大道以西，北抵八一路的范围。

至明代弘治戊午年（1498），黄州推官罗翰因修城得泉，建小亭，刻石。可知明代君子泉为纪念性质，直至民国时期其址未有变更。

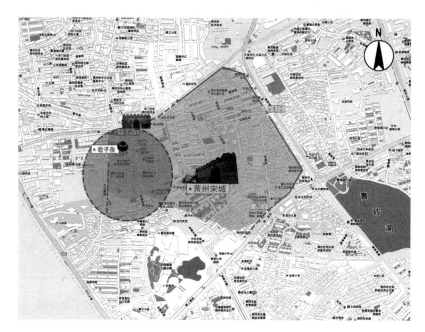

图 12-7　君子泉位置图

# 第十三章　苏东坡乳母任氏墓

苏东坡的乳母任采莲(1009—1080)，在苏家服务了35年，以其工巧勤俭著称，一直到老都未曾改变。她不仅乳养了苏东坡及其姐姐八娘，还照看了苏东坡的三个儿子，对苏家三代都有很大的恩劳。任氏曾随苏东坡宦游至杭州、密州、徐州和湖州，最终在苏东坡被贬至黄州时，于元丰三年(1080)八月在黄州的临皋亭去世，享年七十二岁，同年十月葬于黄州。

苏东坡为乳母任氏撰写了《乳母任氏墓志铭》，铭文中表达了对乳母的深切悼念和对她一生贡献的肯定。苏东坡在墓志铭中写道："生有以养之，不必其子也。死有以葬之，不必其里也。我祭其从与享之，其魂气无不之也。"体现了苏东坡对任氏超越血缘关系的深厚情感，以及对她一生付出的尊重和感激。

任氏的墓地在历史上曾一度被遗忘，直到后来黄州人在耕地时发现了苏东坡书刻的《乳母任氏墓志》石刻，墓地才得以确认并受到保护。任氏的墓地和墓志铭的发现，让我们能够更加深入地了解苏东坡的个人生活以及他与乳母之间特殊的情感纽带。

## 第一节　书信显真情

任采莲是四川眉山人，其父亲名任遂，母亲姓李。苏东坡与乳母任氏的感情很深，对任氏的去世，心怀悲痛，从他服丧期间与友人往来的书信及亲自撰写墓志铭中可见一斑。

九月服丧期间，苏东坡与王庆源书信中写道：

> 窜逐以来，日欲作书为问。旧既懒惰，加以闲废，百事不举，但惭怍而已。即日体中何如，眷爱各佳。某幼累并安，但初到此，丧一老乳母，七十二矣，悼念久之，近亦不复置怀……

为寄托自己的哀思，苏东坡在为乳母服丧期间的元丰三年十月二十四日，撰书《乳母任氏墓志铭》一篇并刻之于石：

> 赵郡苏轼子瞻之乳母任氏，名采莲，眉之眉山人。父遂，母李氏。事先夫人三十有五年，工巧勤俭，至老不衰。乳亡姊八娘与轼，养视轼之子迈、迨、过，皆有恩劳。从轼官于杭、密、徐、湖，谪于

图 13-1　明隆庆年间重刊的"乳母任氏墓誌"碑(今嵌于东坡赤壁留仙阁外东壁)

黄。元丰三年八月壬寅，卒于黄之临皋亭，享年七十有二。十月壬午，葬于黄之东阜黄冈县之北。铭曰：生有以养之，不必其子也。死有以葬之，不必其里也。我祭其从与享之，其魂气无不之也。

当年十一月下旬，苏家为乳母服丧百日完毕，苏东坡与老朋友杜几先去信说：

图 13-2 苏轼乳母任氏墓碑

子由特蒙手书累幅，劳问至厚，即欲裁谢，为一老乳母病亡，而舍弟亦丧一女子，悼念未衰，复闻堂兄之丧，忧哀相仍，致此稽缓，想未讶也。

十二月，苏东坡又给秦观回信说：

　　……轼寓居粗遣，但舍弟初到筠州，即丧一女子，而轼亦丧一老乳母，悼念未衰，又得乡信，堂兄中舍九月中逝去。异乡衰病，触目凄感，念人命脆弱如此。……子骏固吾所畏，其子亦可喜，曾与相见否？此中有黄冈少府张舜臣者，其兄尧臣，皆云与太虚相熟。儿子每蒙批问，适会葬老乳母，今勾当作坟，未暇拜书。岁晚苦寒，惟万万自重。李端叔一书，托为达之。夜中微被酒，书不成字，不罪！不罪！不宣。轼再拜。（《答秦太虚书》）

因"乌台诗案"受牵连而被贬谪宾州的好朋友王巩来信索要新诗新文，苏东坡在回信中说：

　　某再拜。递中领手教，知已到官无恙，自处泰然，顿解忧悬。又知摄二千石，风采震于殊俗，一段奇事也。某羁寓粗遣，但八月中丧一老乳母，子由到筠，亦抛却一女子，年十二矣，悼念未衰，复闻堂兄中舍卒于成都。异乡罹此，触物凄感，奈何！奈何！……文字与诗，皆不复作。近为葬老乳母，作一志文，公又求某书，辄书此奉寄。

苏东坡亲自为乳母撰作并书写了墓志铭，足见他对任氏的深厚情感。苏东坡在这段时间与友人的书信中也屡次提及此事，称任氏为"老乳母"，言对其"悼念久之""悼念未衰"，以致"文字与书，皆不复作"，在离开黄州的多年之后，他还曾写信给黄州好友潘大临，请其专事照看任氏之坟，定期在坟前烧纸祭奠。他写道：

　　两儿子新妇，各为老乳母任氏作烧化衣服几件，敢烦长者丁（叮）

嘱一干人，令剩买纸钱数束，仍厚铺薪刍于坟前，一酹而烧之，勿触动为佳。恃眷念之深，必不罪。干浼，悚息！悚息！

又有信云：

东坡甚烦葺治，乳媪坟亦蒙留意，感戴不可言。

# 第二节 墓志流传

苏东坡惦念的乳母墓，是黄州独有的一处与苏东坡有关的重要遗迹。墓碑出土后曾轰动一时。明代上元（今南京）人周晖在《续金陵琐事》中称"东坡先生《乳母任氏墓志铭》，嘉靖末年方出于地中。黄州太守因拓者甚众，恐损其石，遂收入库。吾乡一老儒云：此片石，一生是行的墓库运。"其后明清时期，黄州人多次进行墓茔修缮和碑石复刻，至今东坡赤壁尚保留有三块石碑，其经过及记载见表 13-1①：

**表 13-1　苏东坡乳母墓史料记载统计表**

| 时间 | 记载来源 | 记载内容 |
|---|---|---|
| 宋元丰三年（1080）十月二十四日 | 苏东坡《乳母任氏墓志铭》 | 苏东坡撰写墓书铭：赵郡苏轼子瞻之乳母任氏，名采莲，眉之眉山人。父遂，母李氏。事先夫人三十有五年，工巧勤俭，至老不衰。乳亡姊八娘与轼，养视轼之子迈、迨、过，皆有恩劳。从轼官于杭、密、徐、湖，谪于黄。元丰三年八月壬寅，卒于黄之临皋亭，享年七十有二。十月壬午，葬于黄之东阜黄冈县之北。铭曰：生有以养之，不必其子也。死有以葬之，不必其里也。我祭其从与享之，其魂气无不之也 |

---

① 依据梁敢雄《苏轼乳母任氏墓址考》（黄冈职业技术学院学报，2017 年第 6 期）整理。

续表

| 时间 | 记载来源 | 记载内容 |
|---|---|---|
| 宋元丰七年（1084）二月 | 苏东坡谒乳姥任氏坟，并作《师中庵题名》 | 苏东坡谒坟作记：元丰七年二月一日，东坡居士与徐得之、参寥子，步自雪堂，并柯池入乾明寺，观竹林，谒乳姥任氏坟，锄治茶圃，遂造赵氏园，探梅堂，至尚氏第，观老枳偃蹇，如龙蛇形。憩定惠僧舍，饮茶任公亭、师中庵，乃归，且约后日携酒寻春于此 |
| 明隆庆间（1567—1572） | 万历三十六年（1608）《黄冈县志》卷一 | 墓首次出土，复刻志碑。"国朝隆庆间为人掘出，郡为封墓而建亭其上，（知府黄襄）志石归于藏。""葬于黄冈山麓""长塘：在府城东一里许，即古城之壕池也。"（知府孙光祖）依据拓片重刻一石，以供时人捶拓 |
| 明万历十八年（1590） | 王世贞《弇州山人续稿》（卷167）之《东坡乳母铭》 | 记墓出土事：苏轼乳母铭此刻在黄州，近有人于土中得之。盖子瞻亲书于石者以故。比他书尤古遒劲，其用墨过丰，则颜平原之遗轨也 |
| 明万历三十八年（1610） | 周晖《续金陵琐事》 | 记墓出土事：东坡先生《乳母任氏墓志铭》，嘉靖末年方出于地中。黄州太守因拓者甚众，恐损其石，遂收入库 |
| 清乾隆十四年（1749） | 《黄州府志》卷3 | 记墓址："墓在治南长塘街" |
| 清乾隆五十四年（1789） | 《黄冈县志》卷19 | 记墓址："墓在治南长塘街" |
| 清嘉庆七年（1802） | 孙星衍《寰宇访碑录》第七卷 | 记碑拓本。据"浙江仁和赵氏拓本"著录了此墓志铭称："苏轼撰，正书。元丰三年十月。明隆庆时重刻。" |
| 清道光二十八年（1848） | 《黄冈县志》卷23 | 记墓址："墓在治南长塘街" |
| 清同治二年（1863） | 苏文忠公乳母任氏之墓 | 重修墓茔，新立墓碑。知府黄益杰倡修。后迁墓于府署西北雪堂 |
| 清光绪八年（1882） | 《黄冈县志》卷2 | 记墓址："墓在治南长塘街" |

续表

| 时间 | 记载来源 | 记载内容 |
|---|---|---|
| 清光绪十年(1884) | 《黄州府志》 | 移墓于赤壁留仙阁门外东壁。墓址由"治南"改为"府城南"，府城图将长塘街地标示在十字街南段 |
| 清光绪十五年(1889) | 邓献之《修苏公乳母任氏墓诗并序》 | 移同治二年墓碑、葺墓于城南并刻新诗碑。城南发现"乳母任氏"四字碑，黄冈人邓琛(字献之)认为其出土地为真正墓地，碑为苏公原碑。光绪十七年(1891)正月十二日，由邓献之撰写、杨守敬书的《修苏公乳母任氏墓诗并序》的石刻被立在邓献之认定的乳母任氏墓前。与此同时，邓献之等人将清同治二年立的"宋苏文忠公乳母任氏之墓"的石碑也迁移到此处 |
| 1967年 | 梁敢雄《苏轼乳母任氏墓址考》 | 原黄冈县博物馆馆长董子儒在城南老十字街军分区教导队，即今宝塔小区(安国寺路中段西侧)内发现墓碑，为同治二年官府所立、光绪年间由城东迁至城南的"宋苏文忠公乳母任氏之墓"碑，交赤壁管理机构收藏 |

# 第三节　遗址定位

　　清乾隆朝之前的现存方志，凡介绍苏东坡乳母墓地者，如万历《黄冈县志》与康熙《黄州府志》等皆因墓志铭云在"黄冈县北"而泛指为"黄冈山麓"。之后地方志关于苏东坡乳母墓才指出了具体地址，如乾隆十四年《黄州府志》卷3、乾隆五十四年《黄冈县志》卷19、道光二十八年《黄冈县志》卷23、光绪八年《黄冈县志》卷2等一致指出乳母"墓在治南长塘街"，应较可信。长塘街显然因长塘而得名。明弘治《黄州府志》卷2有明文"长塘：在府城东一里许，即古城之壕池也。"此处长塘正是2011年发掘出土的宋城之东城壕在明代遗留下的呈长带状池塘。《道光县志》卷2记载："长塘：县东南一里许，即古城壕。今久成街市。"至清代因古城壕渐涸，行人日多而形成了街、街旁还有了集市，长塘演变为长塘街。具体而言，其址就在

今青砖湖路北端、原黄州中学（今黄州居然之家垂直森林城市综合体）高岗
一带。

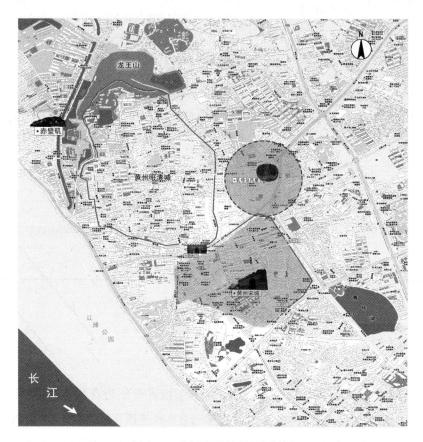

图 13-3　苏轼乳母任氏墓位置图

# 第十四章　其他遗迹

## 第一节　栖霞楼　涵辉楼

栖霞楼在文学史上的地位非常显赫，以其背山面江、落日晚霞映照楼台的美景而闻名。栖霞楼不仅是文人墨客游历的热点，也是文学创作的重要素材。

苏东坡居黄州期间，对栖霞楼情有独钟，他赞其为"郡中胜绝"，并在此创作了著名的《水龙吟·黄州梦过栖霞楼》，通过梦境的描写，表达了对友人闾丘孝终的思念以及对往昔岁月的追忆。这首词作不仅展现了苏东坡的豪放词风，也使得栖霞楼在文学史上留下了浓墨重彩的一笔。

此外，南宋时期的戴复古也曾游历栖霞楼，并创作了《栖霞楼即景》诗。栖霞楼的美景和文化底蕴，吸引了历代文人的赞颂和吟咏，成为黄州乃至宋代文学的一个标志性建筑。

在现代，栖霞楼作为赤壁风景区内的重要景点，经过重建，以三层仿宋建筑的形式展现在世人面前，正面匾额"栖霞楼"三字为茅盾手书，成为赤壁文化的一个宝贵遗产。栖霞楼不仅是自然美景与人文底蕴的结合体，也是中国古代文学与现代旅游文化交融的象征。

栖霞楼是宋代黄州著名的地标建筑，苏东坡有四词、一诗、一书信记之。

词一即元丰五年（1082）正月所作《水龙吟·黄州梦过栖霞楼》：

闾丘大夫孝终公显，尝守黄州，作栖霞楼，为郡中胜绝。元丰五年，余谪居黄。正月十七日，梦扁舟渡江。中流回望，楼中歌乐杂作，舟中人言："公显方会客也。"觉而异之，乃作此词。公显时已致仕，在苏州。

小舟横截春江，卧看翠壁红楼起。云间笑语，使君高会，佳人半醉。危柱哀弦，艳歌余响，绕云萦水。念故人老大，风流未减，独回首，烟波里。

推枕惘然不见，但空江、月明千里。五湖闻道，扁舟归去，仍携西子。云梦南州，武昌东岸，昔游应记。料多情梦里，端来见我，也参差是。

诗一，即元丰五年七月，苏东坡在《次韵和王巩六首》（其三）中有自注：栖霞，楼名。

欲结千年实，先摧二月花。
故教穷到骨，要使寿无涯。
久已逃天网，何须服日华。
宾州在何处，为子上栖霞。

词二，即元丰五年九月所作的《醉蓬莱·重九上君猷》中，苏东坡回忆在黄州每年重阳节"与太守徐君猷会于栖霞"之事：

余谪居黄，三见重九，每岁与太守徐君猷会于栖霞。今年公将去，乞郡湖南。念此惘然，故作此词。

笑劳生一梦，羁旅三年，又还重九。华发萧萧，对荒园搔首。赖有多情，好饮无事，似古人贤守。岁岁登高，年年落帽，物华依旧。此会应须烂醉，仍把紫菊茱萸，细看重嗅。摇落霜风，有手栽双柳。

来岁今朝，为我西顾，醉羽觞江口。会与州人，饮公遗爱，一江醇酎。

词三，即元丰六年九月《西江月·重九》词，亦为登栖霞楼所作：

点点楼头细雨，重重江外平湖。当年戏马会东徐，今日凄凉南浦。

莫恨黄花未吐，且教红粉相扶。酒阑不必看茱萸，俯仰人间今古国。

词四，即《南乡子·重九涵辉楼呈徐君猷》一词。

霜降水痕收，浅碧鳞鳞露远洲。酒力渐消风力软，飕飕。破帽多情却恋头。

佳节若为酬，但把清尊断送秋。万事回头都是梦，休休。明日黄花蝶也愁。

此词题名有涵辉楼，但在《与王定国十五首（十二）》中记为栖霞楼。

至南宋时，名人游记和地理志书对栖霞楼地点的记述稍微明确。

陆游《入蜀记》卷四记述说："八月十九日……郡集于栖霞楼，本太守闾丘孝终公显所作。苏公乐府云'小舟横截春江，卧看翠壁红楼起'，正谓此楼也。下临大江，烟树微茫，远山数点，亦佳地也。楼颇华洁。先是郡有庆瑞堂，谓一故相所生之地，后毁以新此楼。"

许端夫在《齐安拾遗》中说："栖霞楼，在郡城最高处，江淮绝境也。"

范成大在《吴船录》中说："栖霞楼，面势正对落日，晖景既堕，晴霞亘天末，并染川流，醺黄酣紫，照映上下，盖日日如此，命名有旨也。楼之规制甚工。问其人，则曰故相秦申王生于临皋舟中，黄人作庆瑞堂于其处，近年撤而作栖霞云。"

《舆地纪胜》记载说："栖霞楼，在仪门之外西南，轩豁爽垲，坐扼江山之胜，为一郡奇绝。……又闾丘太守孝终公显尝守黄州，作栖霞楼，为郡之绝胜，东坡次韵王巩诗云：'宾州在何处，为子上栖霞。'"

此后，明清时期黄州地方志书遵从了陆、范二人之说，栖霞楼风貌依旧，"在郡城最高处、正对落日"，并将《舆地纪胜》中"仪门之外西南"扩展为"县西南、治西南"；均记述栖霞楼是在秦桧出生地庆瑞堂毁后新建，始建之人则由苏东坡所言的闾丘孝终（字公显）改为李显，到清光绪时才在府县志中指出"非、误"。

明弘治《黄州府志》卷之四载："栖霞楼，旧志在西南。宋李显守黄州时建，坐扼江山之胜。昔人孙载诗：'地据淮西尽，江吞石壁宽。'苏轼诗：'宾州在何处，为子上栖霞。'今毁，无址。"

明万历《黄冈县志》载："栖霞楼，在县西南，宋李显守黄时建。坐扼江山之胜。孙载诗云'地据淮西尽，江吞石壁宽'。苏轼诗云：'宾州在何处，为子上栖霞。'又，其客诗云'霁容天在水，春色柳藏桥'，轼易'春色'为'春态'。"

清康熙《黄州府志》卷之二"古迹"下载："栖霞楼，在县西南，宋李显守黄时建。今废。"

清乾隆《黄州府志》卷之三"古迹"下载："栖霞楼，在县西南，宋李显守黄时建，今废。"

清光绪《黄冈县志》卷之二"古迹"门下记载："栖霞楼，治西南，宋闾丘公显守黄时建，坐扼江山之胜。孙载诗云'地据淮西尽，江吞地壁宽。'苏轼诗'宾州在何处，为子上栖霞。'又其客诗'霁容天在水，春色柳藏桥'，谓此楼也。按，闾丘显见苏轼《水龙吟》自注，旧《志》以为李显，非。"

清光绪《黄州府志》载："栖霞楼，在县西南，宋闾丘孝忠守黄时建。陆游《入蜀记》：'栖霞楼，太守闾丘公所作。先是郡有庆瑞堂，谓一故相所生之地，后毁以新此楼。'王《志》云宋李显守黄州时建，误。"

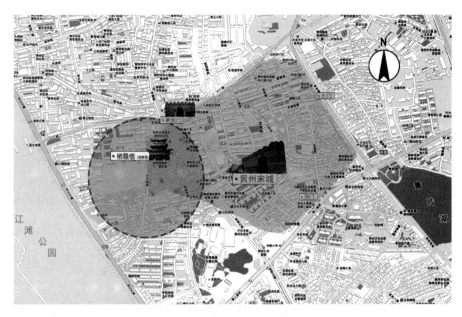

图 14-1　栖霞楼位置图

苏东坡在诗文中并未指明栖霞楼所处地点，但可知该楼南临大江，地势高远。东坡居黄州四年余，在三个重阳节时都与太守徐君猷同上此楼，登高远眺，宴饮唱和，以东坡喜欢游览的性格，平日却不见他与友人登临，所以栖霞楼的位置应在黄州宋城的西北、州治所在，非受州官之邀约而不至，其地近君子泉。

## 第二节　乾明寺、赵氏园、梅堂

宋时，凡州、军皆有乾明寺。"乾"在《易经》中代表天，意为天空、天气晴朗，"明"意为光亮、明亮。"乾明"一词形容光明、明亮的状态，引申为事物明朗、清晰，也用于封建时代称颂皇帝的套语，言其英明无所不知。

谪居黄州期间，苏东坡常到乾明寺焚香默坐。

元丰四年（1081）冬月的一场大雪之后，苏东坡外出游玩，夜宿乾明寺中，事后作《雪后到乾明寺遂宿》，诗说：

> 门外山光马亦惊，阶前屐齿我先行。
> 风花误入长春苑，云月长临不夜城。
> 未许牛羊伤至洁，且看鸦鹊弄新晴。
> 更须携被留僧榻，待听摧檐泻竹声。

乾明寺是一座比较古老的寺庙，离雪堂不远。苏东坡曾在《雨晴后，步自四望亭下鱼池上，遂自乾明寺前东冈上归》诗中说"古寺竹苍苍"。他在《师中庵题名》中说：

> 元丰七年二月一日，东坡居士与徐得之、参寥子，步自雪堂，并柯池入乾明寺，观竹林，谒乳姥任氏坟，锄治茶圃，遂造赵氏园，探梅堂，至尚氏第，观老枳偃蹇，如龙蛇形。憩定惠僧舍，饮茶任公亭、师中庵，乃归，且约后日携酒寻春于此。

苏东坡有《日日出东门》诗，南宋人王十朋注援引王子仁的话说："《东坡图》云：'东门，近东坡之门也，在乾明寺前五十步。'今无矣。"

张耒在《喜雨赠潘邠老昆仲》诗中说："欲过东坡泥没脚，春余烟柳正苍苍。"又有《余谪居齐安，寓郡东佛舍，而制不得逾岁，今冬遂移居……》及《自乾明移居柯山何氏第……》的诗题，由此可知乾明寺位于城东。

弘治《黄州府志》载："乾明寺，古寺，在古城东，今无。"

明卢浚编《古黄遗迹集》载："定惠院，在府治东南，东坡先生云'予寓居定惠院之东，有海棠一株，土人不知其贵也'，因作《海棠》诗以自述，即此。与乾明寺相近，岁久地失。弘治庚申，守土者率耆民寻复之，筑亭以彰胜概，扁其中，曰坡仙遗迹，东曰扪腹轩，西曰揩目轩，取《海棠》诗语也。落成，郡人对时赏酌者，盖络绎不绝云。""郡城东南有乾明寺、定惠院，院有花，皆苏文忠公旧游地也。世远人亡，寺与院俱湮殁，花不足言也。"

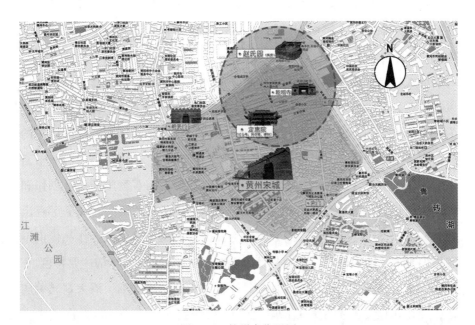

图 14-2　乾明寺位置图

光绪《黄州府志》载：乾明寺在县东南定惠院内，今废。

综上记载，可知乾明寺临近定惠院和柯池，且在宋城门内 50 步距离的范围。梅堂建在赵氏园内，在乳母任氏墓与尚氏第、定惠院之间。

## 第三节　潘大临宅

黄州有个叫潘大临①的年轻人，字邠老，一字盘石。他的父亲潘鲠是

----

① 潘大临，字邠老，北宋黄州诗人，"江西诗派"的重要人物。黄庭坚《豫章黄先生文集》卷二十《书倦壳轩诗后》说："潘邠老早得诗律于东坡，盖天下奇才也。"《冷斋夜话》卷四《满城风雨近重阳》谓潘大临"工诗，多佳句，东坡、山谷尤喜之"。

元丰二年(1079)进士，以奉议郎在蕲州蕲水县担任县尉，他的叔父潘彦明也是苏东坡在黄州结识的好朋友。潘大临当时虽然只有20岁左右，属于晚辈，但由于诗写得很好，深得苏东坡的喜爱，常流连于雪堂。苏东坡曾将自己与潘大临的雪堂对话记录下来，名之为《雪堂问潘邠老》(一名《雪堂记》)。

　　潘大临与苏东坡有师生之谊，曾跟随苏东坡学诗习书。潘大临的诗作风格清新，深受苏东坡等人的推崇，被归入江西诗派，这个诗派以黄庭坚为开山鼻祖，是中国文学史上第一个有正式名称的诗文派别。江西诗派的成员大多学习杜甫，崇尚黄庭坚的"点铁成金"之说，作诗风格以吟咏书斋生活为主，重视文字的推敲技巧。江西诗派的形成与黄庭坚的诗歌创作和理论密切相关。黄庭坚提倡在诗歌创作中化用前人名句，追求字字有出处，风格上追求瘦硬奇新。潘大临作为江西诗派的一员，虽然作品传世不多，但其清新的风格和对诗歌艺术的追求，体现了江西诗派的主要特色。

　　苏东坡离开黄州之前的四月一日，将雪堂交付潘大临、潘大观兄弟居住，并托其叔父潘彦明照管东坡、雪堂。

　　潘大临、潘大观兄弟俩知苏东坡离去，将很难再回黄州，心中生出难以离舍之意。为了让苏东坡谪居黄州经历永远留在黄州人民的心中，兄弟俩恳请苏东坡留下一点墨宝。苏东坡原本想为潘家兄弟俩书写陶渊明的《归去来辞》，但潘大观听说后，又提出欲将赤壁二赋刻碑留存后世的想法，苏东坡理解潘家兄弟的心情，于是满足了兄弟俩的要求。

　　临别黄州，苏东坡有感于潘大临的才华横溢，作《蝶恋花》词一首赠予潘大临，对其寄予厚望：

　　　　别酒劝君君一醉，清润潘郎，又是何郎婿。记起钗头新利市，莫将分付东邻子。回首长安佳丽地，三十年前，我是风流帅。为向青楼寻旧事，花枝缺处留名字。

这首词作于宋神宗元丰七年（1084）三月，当时潘大临将赴省参试。苏东坡通过这首词，借用京都试成出仕文人昔日风流韵事，激励潘大临的心志与大愿。词中表达了对潘大临的期望和祝福，希望他能够在科举考试中取得好成绩，实现自己的人生理想。词的上片以"酒"为媒体，写苏东坡对潘大临的嘱咐与期望；下片以梦幻、假想之笔，以苏东坡自己还未赴试入仕的美妙人生构想来激奋潘大临的功名心。全词虚实相生、情调积极，嘱托、期望潘大临赴省参试获得成功，一定程度上体现出当时的封建仕宦意识。

通过这首词，我们可以看出苏东坡对潘大临的关心和期望，同时，这首词也反映了北宋时期文人的价值观和人生追求。

在《记梦赋诗》一文后，苏东坡题跋说"今书赠柯山潘大临邠老"，明确指出潘大临当时住在柯山。

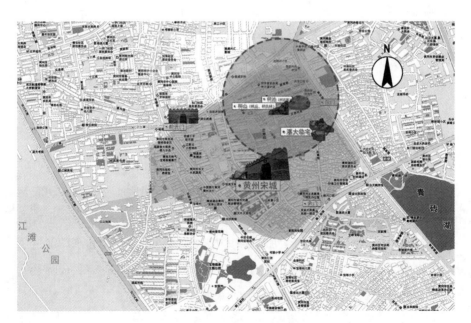

图 14-3　潘大临宅位置图

潘大临在苏东坡离开黄州后，还曾与张耒做邻居。张耒在谪居黄州时作《步下四望亭至东坡柳，径访邠老不遇》，诗云：

> 北下四望岭，两山中旷平。萦纡蟠径术，迤靡分沟塍。林间樵汲路，垅外牛羊鸣。落景急晚春，浅泥间耦耕……

张耒离开黄州后，还曾在元符三年(1100)徽宗登基、天下大赦之日作《闻子瞻岭外归赠邠老》诗："柯山潘子应鼓舞，与子异时从杖履。"在崇宁元年(1102)的《贻潘邠老》手札中，张耒又回忆说："余居柯山西，潘邠老居东……"

清光绪《黄州府志》载："柯山在县东，定惠院南，宋潘大临居此，称柯山人。"光绪《黄冈县志》载："柯山，城东南，近定惠院。宋潘大临居此，称柯山人。"

可见，潘大临一家与苏东坡为"雪堂邻里"，交往深厚。后又与张耒相交甚笃。其宅位于定惠院南、柯山之东。

## 第四节　潘彦明宅、牢城营

苏东坡居黄开荒东坡之地、躬耕务稼之日，黄州人潘彦明、郭兴宗、古耕道三人主动全力相助，他们为苏东坡提供开荒种地所必需的一切农具与物种，主动为苏东坡排忧解难。他们还同游女王城、共同接待苏东坡外地访客。生活上的帮助扶持，加上诗文唱和的志趣相合，使苏东坡度过了谪黄之初的艰难岁月。在《东坡八首》之七中，苏东坡以潘彦明、郭兴宗、古耕道三人无私的相助作为主题，记下感人肺腑的一幕：

> 潘子久不调，沽酒江南村。郭生本将种，卖药西市垣。
> 古生亦好事，恐是押牙孙。家有一亩竹，无时容叩门。

> 我穷交旧绝，三子独见存。从我于东坡，劳饷同一飧。
>
> 可怜杜拾遗，事与朱阮论。吾师卜子夏，四海皆弟昆。

"潘氏久不调，沽酒江南村"，指的是潘彦明。潘彦明多次参加科举考试，皆因成绩不佳而名落孙山，故久滞黄州，平日里靠在江南樊口卖酒维持全家人的生活。苏东坡《答秦太虚书》说："有潘生者，作酒店樊口。棹小舟，径至店下。"又有《杂记》说："樊口有潘生，善酿酒醇美。"何焯曰："潘生，名丙，见《祭任师中文》。"

离开黄州之后，苏东坡与潘大临的叔叔潘彦明的书信往来十分密切。

元丰八年（1085）正月，流寓江淮的苏东坡在淮州上表神宗皇帝，言有田在常州，乞以汝州团练副使的名分在常州居住，史载"书朝入，夕报可"。二月，苏东坡抵达常州，立即给潘彦明来信叙说自己的近况，并对其参加省试与否，表示关切：

> 别来思念不去心，远想起居佳安，眷爱各无恙？不见黄榜，未敢驰贺，想必高捷也。某两曾奉书，达否？屡梦东坡笑语，觉后惘然也。已买得宜兴一小庄，且乞居彼，遂为常人矣。公必已赴省试……惟千万保爱。

苏东坡居住常州的时间不长，又接到复职朝奉郎、起知登州的诰命。刚到登州，又接到以礼部郎中召还京师的圣旨。一到京城，苏东坡就向潘彦明回信说：

> 行役无定，久不奉书。至登州，领所惠书，承起居佳胜，甚慰思企。到郡席不暖，复蒙诏追，勉强奔走，愧叹不已。缅怀旧游，殆不胜情，承太夫人尊候如昨。昌言令兄亦蒙惠书，冗甚，未及答。且申意毅甫、兴宗、公颐，各为致区区。余万万自重。

苏东坡虽然离开了黄州，但对于雪堂和东坡的田地，却始终关注着。在东坡离黄不久，一位姓吴的待制也被贬到黄州。由于自己饱受了贬谪之苦，苏东坡对吴待制深表同情，于是给潘彦明去信一封，请大家像对自己那样关照吴待制：

> 少事奉闻，吴待制谪居于彼，想不免牢落，望诸君一往见之，诸事照管。某向者流落，非诸君相伴，何以度日！雪堂如要偃息……使忘迁谪之意，亦诸君风义也。不罪，不罪。

苏东坡离开黄州前夕，将乳母任氏墓的葺治委托于潘家，潘家对此十分留意。此后，苏东坡多次去信表示谢意。对于黄州的朋友，他一直挂记在怀，每当给潘彦明去信，必定会逐一询问他们的近况：

> 东坡甚烦葺治，乳媪坟亦蒙留意，感戴不可言。令子各计安，宝儿想见顾然矣。郭兴宗旧疾，必全平愈，酒坊果如意否？韩氏园亭，曾与葺乎？若果有亭榭佳者，可以小图示及，当为作名写牌，然非华事者，则不足名也。张医博计安胜，一场灾患，且喜无事……何亲必安，竹园复增葺否？以上诸人，各为再三申意。仆暂出苟禄，终不久客尘间。东坡不可令荒芜，终当作主，与诸君游，如昔日也，愿遍致此意。

每逢乳母任氏的忌日，苏东坡一定会给潘彦明去信以表达自己对乳母任氏的思念之情。苏东坡在京城之时，潘彦明的父亲潘革于元祐二年（1087）盛夏之日曾代表黄州的父老乡亲专程去看望他，并转达了潘彦明等人的书信。苏东坡见到潘革又喜得潘彦明等人的书信，心中十分高兴。当得知黄州的友人一切皆好，苏东坡甚觉欣慰。由于身在朝中，诸多不便，苏东坡当时正上表乞郡。在给潘彦明的书信中，苏东坡谈到了自己近来的情况：

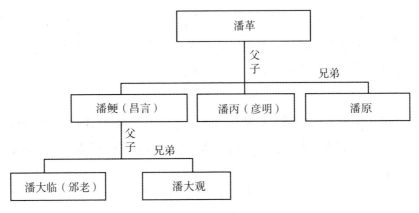

图 14-4　苏轼好友黄州潘氏关系图

　　辱书，喜承起居佳胜，眷聚各佳。某老病还朝，不为久计，已乞郡矣。何时扁舟还乡，一过旧栖，溷乱故人。旬日而去，言之怅然。大热，千万保爱。

　　潘彦明的父亲潘革曾到京城看望苏东坡，苏东坡将《西山》诗册以及自己亲手书写的《武昌西山》二诗托付潘革，请他转交仍然居住江南武昌车湖的老朋友王文甫兄弟俩，同时附上书信一封说：

　　多时不奉书，思仰不去心。比日履兹酷暑，体中佳胜。数日，以伏暑下府，初安乏力，而潘二丈速行，略奉此数字，殊不尽意。《西山》诗一册，当今能文之士多在其间，并拙诗亲写，邓圣求诗同纳上。或能为入石安溪亦佳，不然，写放壁中可也。

　　时隔不久，苏东坡在京师惊悉潘革不幸病逝，心中十分悲痛，因不能到黄州祭奠老人，立即来信致哀，并请潘彦明一定要节哀自重，将父亲的后事处理完善：

久不闻问，方增渴仰。忽领手字，方知丈丈倾逝，闻之，悲怛不可言。比日追慕之余，孝履且支持否？某衰病怀归，梦想江上，又闻耆旧凋丧……未由往慰，惟冀节哀自重，以毕后事。

不久，黄州人刘全父去京城看望时任翰林学士知制诰的苏东坡，苏东坡详细询问了黄州父老的情况，更增添了对黄州朋友的眷念，于是给潘彦明去信说：

近附黄兵书必达，比日孝履何如？刘全父来，颇闻动止，殊慰想念。京尘衮衮无佳想，缅怀昔游，怅惘而已。昌言及诸故人皆未及书，必察其少暇，伸意！伸意！乍暄，千万节哀自重。

元祐四年（1089）七月，苏东坡上书请求补外，诏除龙图阁学士，充浙西路兵马钤辖知杭州军州事。苏东坡曾在杭州担任过通判，此次出守杭州，他的心情比较畅快。只是杭州当年灾害不小，苏东坡自觉没有谪居黄州时那种放怀自得的欢乐。次年新春佳节，在与潘彦明的书信中，苏东坡写道：

久不奉书，切惟起居佳胜。老拙凡百如旧。出守旧治，颇得湖山之乐。但岁灾伤，拯救劳弊，无复齐安放怀自得之娱也。彦明与故人诸公颇见念否？何时会合，临纸惘惘。新春，万万自重。

元祐七年八月二十日，苏东坡在颍州喜得潘彦明的来信。黄州一别九年，感慨万千，在给潘彦明的复信中，他真诚地表达了自己离别黄州多年的情怀：

辱书，感慰无量。比日起居何如？别来不觉九年，衰病有加，归休何日？往来纷纷，徒有愧叹。知东坡甚葺治，故人仍复往还其间否？会合无期，临纸怅惘。

元丰六年三月，苏东坡好友巢谷去江南车湖访友未归，苏东坡写信给巢谷说：

日日望归，今日得文甫书，乃云昨日始与君瑞成行。东坡荒废，春笋渐老……老兄别后想健。某五七日来，苦雍嗽殊甚，饮食语言殆废，矧有乐事！今日渐佳。近日牢城失火，烧荡十九，雪堂亦危，潘家皆奔避，堂中飞焰已燎檐矣。幸而先生两瓢无恙，四柏亦吐芽矣。

"雪堂亦危，潘家皆奔避"，可知潘彦明的家与雪堂相近，北宋沈辽①《题子瞻雪堂》诗写道：

眉阳先生齐安客，雪中作堂爱雪白。堂下佳蔬已数畦，堂东更种连坡麦。不能下帷学董相，何暇悲歌如宁戚。布裘藜杖自来往，山禽幽弄均春力。桉上诗书罗缣缃，炉中烧药笑王阳。晨炊且籴北仓粟，冬服已指山前桑。南冈差高多种橘，迤北渐下宜栽秧。北邻亦有放达士，道路壶榼常相望。

可见，潘彦明宅在东坡雪堂以北，与黄州牢城营相邻，因牢城营失火而受池鱼之殃。

现代气象大数据显示，春季是黄州大风天气最频繁的季节，从每个月的平均大风日数可以看出，春季(3 月至 5 月)大风天气最为集中，尤其是 4 月份，为全年大风最多的月份。春季属于大气环流调整期，冷暖空气势

---

① 沈辽(1032—1085)，字睿达，宋钱塘(今余杭)人。《梦溪笔谈》作者沈括的同族兄弟。自幼嗜读《左传》《汉书》，曾巩、苏轼、黄庭坚常与之唱和。

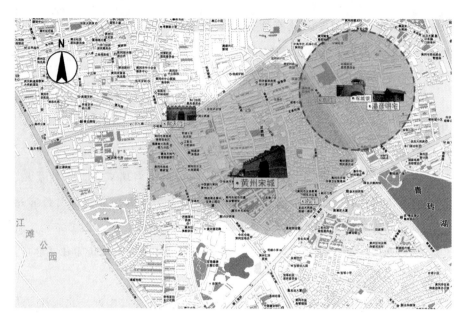

图 14-5　潘彦明宅、牢城营位置与范围

均力敌，气压梯度增大，所以易出现大风。当代黄州春季多东风①，而苏东坡居黄州的宋代，春天也以东风为主：

> 幽人无事不出门，偶逐东风转良夜。(《定惠院寓居月夜偶出》)
> 东风袅袅泛崇光，香雾空蒙月转廊。(《海棠》)
> 一阵东风来卷地。(《南乡子·晚景落琼杯》)
> 东风未肯入东门(《正月二十日与潘、郭二生出郊寻春，忽记去年是日，同至女王城作诗，乃和前韵》)
> 长与东风约今日(《六年正月二十日，复出东门，仍用前韵》)

张耒在《一百五歌》中也写道："东风芳草长，寒食春茫茫。"可见牢城

---

① 湖北省黄冈市黄州区地方志编纂委员会：《黄州区志》，武汉大学出版社 2015 年版，第 55 页。

营失火极易向西南方向蔓延，故牢城营应在潘彦明宅东北侧，极相近；而雪堂在潘宅的西南不远，也遭遇"飞焰燎檐"之险。

今黄州印染社区鲇鱼巷北段至市气象局西侧，地势略低；中段偏南至今有高岗，正合诗中所言北渐下、南高冈地貌，而"北邻亦有放达士"，即指潘彦明。据此推断，潘彦明宅在雪堂之东北，两者相距很近。

## 第五节　春草亭

春草亭之名源于南北朝时诗人谢灵运的"池塘生春草"诗句。苏东坡除了多次将"春草亭"写入诗中外，还有词写到"春草池塘"。

《临江仙·诗句端来磨我钝》，元丰六年（1083）作：

> 诗句端来磨我钝，钝锥不解生铓。欢颜为我解冰霜。酒阑清梦觉，春草满池塘。
>
> 应念雪堂坡下老，昔年共采芸香。功成名遂早还乡。回车来过我，乔木拥千章。

元丰七年三月三日，是传统的上巳日，文人墨客尤重此节。苏东坡与参寥子、徐得之等朋友一起出访定惠院东海棠，憩尚氏宅，听崔闲弹琴，晚入何氏、韩氏竹园，归时路过何氏小圃，应即将回福建的徐得之之请，作《记游定惠院》，翌日，苏东坡作长诗一首，以《上巳日，与二三子携酒出游，随所见辄作数句，明日集之为诗，故辞无伦次》为题说：

> 薄云霏霏不成雨，杖藜晓入千花坞。柯丘海棠吾有诗，独笑深林谁敢侮。
>
> 三杯卯酒人径醉，一枕春眠日亭午。竹间老人不读书，留我闭门谁教汝。

出檐丛枳十围大，写真素壁千蛟舞。东坡作塘今几尺，携酒一劳农工苦。

却寻流水出东门，坏垣古堑花无主。卧开桃李为谁妍，对立鸦鹊相媚妩。

开樽藉草劝行路，不惜春衫污泥土。褰裳共过春草亭，扣门却入韩家圃。

辘轳绳断井深碧，秋千挂索人何所。映帘空复小桃枝，乞浆不见应门女。

南上古台临断岸，雪阵翻空迷仰俯。故人馈我玉叶羹，水冷烟消谁为煮。

崎岖束缊下荒径，娅姹隔花闻好语。更随落景尽余樽，却傍孤城得僧宇。

主人劝我洗足眠，倒床不必闻钟鼓。明朝门外泥一尺，始悟三更雨如许。

平生所向无一遂，兹游何事天不阻。固知我友不终穷，岂弟君子神所予。

苏东坡自题"辞无伦次"，其意指词中的相关地点并非一次完整的行走路线，应是将多次游历路线合并写入词中，如过春草亭、扣门入韩家圃、眠古寺等。诗中可知其"随所见"的主要地点：游定惠院、在柯山海棠树下喝早酒、睡到下午，竹林见丛枳（尚氏宅），过东坡塘，出宋城东门（坏垣古堑），过春草亭，入韩家圃，上临皋亭（古台断岸），眠古寺。此处僧宇应为安国寺（表14-1）。

在《牛酒帖》一文中，苏东坡记载与好友以牛肉烧烤佐酒，醉后自春草亭归临皋亭：

今日与数客饮酒，而纯臣适至，秋熟未已而酒白色，此何等酒也？

入腹无赃，任见大王。既与纯臣饮，无以侑酒。西邻耕牛适病足，乃以为禽。饮既醉，遂从东坡之东直出，至春草亭而归，时已三鼓矣。

**表 14-1　元丰七年(1084)三月三日(上巳日)东坡游踪对照表**

| 序号 | 《记游定惠院》 | 事件 | 《上巳日，与二三子携酒出游，随所见辄作数句，明日集之为诗，故辞无伦次》 | 事件 |
|---|---|---|---|---|
| 1. | 定惠院东小山海棠下置酒宴饮 | 参加人员：参寥子、徐得之等。园已易主。 | 赏柯丘海棠 | 酒醉、春眠 |
| 2. | 尚氏第 | 醉卧小板阁，闻崔成老弹雷氏琴 | 竹间老人、闭门留客 | (竹间老人不读书，与弹琴相应) |
|  |  |  | 过东坡塘，以酒劳农工 |  |
| 3. | 出城东 | 鬻木盆 | 寻流水、出东门，坏垣古堑 | 出东门外并越过小濠沟 |
| 4. | 奠缘小沟 | (宋城东垣城壕) |  | (与寻流水句相应) |
| 5. | 入何氏、韩氏竹园 | 置酒，刘唐年馈"为甚酥" |  |  |
|  |  |  | 过春草亭 |  |
|  |  |  | 扣门入韩家圃 |  |
| 6. | 过何氏小圃 | 乞丛橘，移种雪堂西 |  |  |
|  |  |  | 南上古台临断岸 | 到达临皋亭，故人馈玉叶羹 |
|  |  |  | 洗足眠 | (安国寺) |

光绪《黄州府志》载：春草亭，在城东南安国寺左，宋韩琦建。国朝知府许锡龄重建。这个记载与苏东坡诗文不符。由苏东坡诗文可知，春草亭、韩家圃、临皋亭皆在宋城东门外，春草亭位于东坡雪堂东出、至临皋亭的必经之路上。

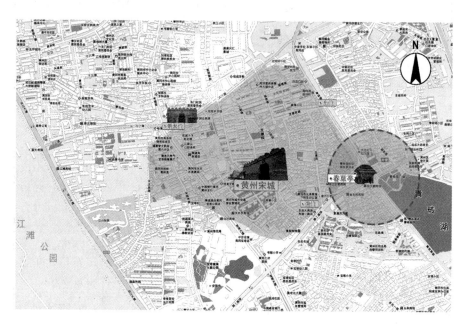

图 14-6　春草亭位置与范围图

## 第六节　尚氏第　何氏竹园　韩氏竹园
## 古氏南坡　开善院

### 一、尚氏第

《宋史·舆服志》云："执政、亲王曰府，余官曰宅，庶民曰家。"在苏东坡所记黄州私人住所中，有"宅""家"，但提到"第"的仅有尚氏第，可见"第"比"宅"要略高一档，其主人应是品级较高的官员。

苏东坡在黄州诗文中曾两次提到尚氏第。元丰七年(1084)二月一日的《师中庵题名》写道："至尚氏第，观老枳偃蹇，如龙蛇形。"正应《上巳日，与二三子携酒出游，随所见辄作数句，明日集之为诗，故辞无伦次》文中"写真素壁千蛟舞"之句。一个月后，在《记游定惠院》中又对尚氏作了评价：

> 既饮，往憩于尚氏之第。尚氏亦市井人也。而居处修洁，如吴越间人，竹林花圃皆可喜。醉卧小板阁上，稍醒，闻坐客崔成老弹雷氏琴，作悲风晓月，铮铮然，意非人间也。

虽未提主人尚氏之名，但其宅北中有竹林花圃、木板阁楼，还有擅琴之客崔成老，雅致人也。

## 二、何氏竹园、何氏小圃、韩氏竹园、韩家圃

何氏，即黄州人何圣可，苏东坡黄州友人，有《书赠何圣可》《与何圣可》等书信存世。苏东坡《记游定惠院》中说："晚乃步出城东，鬻大木盆，意者谓可以注清泉，瀹瓜李，遂夤缘小沟，入何氏、韩氏竹园。时何氏方作堂竹间，既辟地矣，遂置酒竹阴下。有刘唐年主簿者，馈油煎饵，其名'为甚酥'，味极美。客尚欲饮，而予忽兴尽，乃径归。道过何氏小圃，乞其丛橘，移种雪堂之西。"

在《石芝并叙》诗前叙中也提到"何人家"，其诗如下：

> 元丰三年五月十一日癸酉，夜梦游何人家。开堂西门有小园、古井，井上皆苍石。石上生紫藤如龙蛇，枝叶如赤箭。主人言："此石芝也。"余率尔折食一枝，众皆惊笑。其味如鸡苏而甘。明日作此诗。
>
> 空堂明月清且新，幽人睡息来初匀。了然非梦亦非觉，有人夜呼祁孔宾。

> 披衣相从到何许，朱栏碧井开琼户。忽惊石上堆龙蛇，玉芝紫笋生无数。
>
> 锵然敲折青珊瑚，味如蜜藕和鸡苏。主人相顾一抚掌，满堂坐客皆卢胡。
>
> 亦知洞府嘲轻脱，终胜嵇康美王烈。神山一合五百年，风吹石髓坚如铁。

他在《与杨耆秀才醵钱帖》中写道：

> 杨耆秀才，谋学未成，行橐已竭，欲率昌宗、兴宗、公颐及何、韩二君，各赠五百，如何？

综上，何氏小圃为何圣可宅院，有竹园、新堂、古井，井上苍石生紫藤（石芝），另有小圃，圃中种有丛橘。其地点与韩氏竹园相邻，在黄州宋城东门外不远，是东门至雪堂的必经之路。春草亭、韩家圃都在黄州东门外。韩家圃，即指《记游定惠院》中的"韩氏竹园"，邻近何氏竹园、何氏小圃。

### 三、古氏南坡

古氏，即古耕道，进士，黄州人，苏东坡在黄州结交的朋友。

古耕道与潘丙、郭遘一同被称为苏东坡的"躬耕三友"。古耕道以乐善好施、爱打抱不平而著称。当苏东坡在黄州求得一块废弃的旧军营坡地躬耕时，古耕道与潘、郭二人一起，帮助苏东坡清运碎石瓦砾、开荒种地。他们不仅为苏家提供农具和种子，还亲自下地劳作，与苏家人共同度过了艰难时光。

古耕道与苏东坡的交往不仅限于农事上的互助，他们还有着深厚的友谊。古耕道精通音律，与苏东坡有着共同的艺术爱好。苏东坡在黄州期间，古耕道多次参与苏东坡的文学创作活动，如一同参与祭祀活动并作祭文，陪同游春、庆祝生日等。

苏东坡对古耕道的善良与帮助深表感激，曾在《东坡八首》中专门提及古耕道，称赞他"颇诚实，喜为善"，并记录了古耕道的善举和他们之间的友情。通过这些诗文，我们能够窥见苏东坡与古耕道之间淳朴而深厚的友谊。

元丰五年（1082）六月，苏东坡在《书赠古氏》中专门写道：

> 古氏南坡修竹数千竿，大者皆七寸围，盛夏不见日，蝉鸣鸟呼，有山谷气象。竹林之西，又有隙地数亩，种桃李杂花。今年秋冬，当作三间一龟头，取雪堂之规模，东荫修竹，西眺江山。若果成此，遂为一郡之嘉观也。

陆游《入蜀记》卷三记载："坡西竹林，古氏故物，号南坡，今已残伐无几。地亦不在古氏矣。"

可见古氏南坡在东坡之西，其西边有隙地种桃李，地势较高，可眺望江山胜景。

### 四、开善院

开善，意思是首创一桩好事，多用于寺庙之名。黄州开善院是一座规模不大的寺院。

苏东坡作品提及开善院的有诗两首，即《晚游城西开善院，泛舟暮归二首》，作于元丰三年六月：

其一

晚照余乔木，前村起夕烟。棋声虚阁上，酒味早霜前。远谪何须恨，来游不偶然。风光类吾土，乃是蜀江边。

## 其二

放船江濑浅，城郭近连村。水槛松筠静，市桥灯火繁。谁家挂鱼网，小舫系柴门。卜筑计未定，何妨试买园。

遗址定位：开善院应位于黄州城西的长江边，且附近有到城郭的渔村、可系小舫的船码头，便于乘船返回城东南江边的临皋亭。

# 附录 1　黄州东坡遗址位置索引表

| 遗址名称 | 位置 |
|---|---|
| 1. 黄州宋城 | 北至今八一路一线，西至今启黄中学东侧火王庙路一线，西南无城垣，东南至今西湖一路，东至今青砖湖路北段。其东门在今定惠院路与青砖湖路交会处，南门在今西湖一路北落星台路至市教科院大门一带 |
| 2. 朝天门 | 北宋黄州城西北城门。在今黄州八一路十字街口 |
| 3. 东门 | 北宋黄州城东城门，在今青砖湖与定惠院路(东西向)交会处 |
| 4. 女王城 | 位于湖北省黄冈市黄州区禹王街道办事处，地处黄冈市城区西北、黄(州)团(风)公路的西面约30米 |
| 5. 东禅庄院 | 东禅庄院在女王城北，约今禹王城东北太平寺附近 |
| 6. 定惠院 | 定惠院遗址约在黄州宋城东北，与师中庵、啸轩位置相近在今黄州八一路东段南侧，东临青砖湖路，今盛泰一品小区和盛德花园小区一带 |
| 7. 师中庵 | 定惠院西侧，今定惠院路(东西向)西段 |
| 8. 任公亭 | 定惠院西侧，今定惠院路(东西向)西段 |
| 9. 啸轩 | 今定惠院东北 |
| 10. 安国寺 | 在黄州宋城遗址的西南，南面滨江 |
| 11. 遗爱亭 | 在安国寺地势较高的西北坡地处 |
| 12. 临皋亭 | 宋城南门在今定惠院路与西湖一路交会处一带，其东南有"姆儿咀"高岗(今文峰宝邸小区东南)，为临皋亭位置所在 |

| 遗址名称 | 位置 |
|---|---|
| 13. 西斋 | 临皋亭建筑之一 |
| 14. 夏澳 | 今文峰宝邸小区南 |
| 15. 南堂 | 南堂在临皋亭之南，北倚高坡，其南临大江 |
| 16. 东坡 | 在宋城东门外，距宋城南门约 120 米。即今黄州区印染社区鲇鱼巷中段偏东南、龙城华府小区一带 |
| 17. 雪堂 | 东坡附近，在今黄州区印染社区鲇鱼巷南段偏东、西湖一路北侧龙城华府小区一带 |
| 18. 四望亭 | 四望亭位于黄州城南高阜上，位置与雪堂相对，在雪堂的南边 |
| 19. 黄泥坂 | 临皋亭东北，向北通往东坡雪堂之间的一段黄泥坡路 |
| 20. 柯山 | 在定惠院西边，且位于宋城东门北侧。张耒与潘大临（邠老）分居山之东西两侧，相距一里 |
| 21. 柯丘 | 即柯山 |
| 22. 柯池 | 柯山东侧 |
| 23. 柯氏陂 | 柯山东侧，即柯氏池之坡岸 |
| 24. 柯氏林 | 即柯山之上的树林，包括山上海棠、老枳等树木 |
| 25. 赤壁（赤壁矶） | 苏东坡笔下的赤壁，并非特指今天东坡赤壁内、清代建筑群落所在的赤壁矶一地，而应是宋代赤壁（山）及其向南延伸的一片丘陵，主体是以丹霞地貌为特征的红砂岩山崖，北至今龙王山及赤壁三矶头、二矶头（今放龟亭处）、一矶头（今黄州区委旧址处，西侧为五甲街），南经魏街、嘉年华小区（原米厂）、黄州商场、原青云宾馆、原市艺校、八一小学、原棉花公司仓库至今启黄中学东侧岗地沿线一带 |
| 26. 徐公洞 | 在今黄州原区委办公楼所在地（一矶头）南端，易于登岸上赤壁（山）处 |
| 27. 天庆观 | 位于宋城西端，明清府城西南，地处清源门与一字门之间，安国寺西北 |

续表

| 遗址名称 | 位置 |
|---|---|
| 28. 承天寺 | 在北宋黄州城城南，距离临皋亭极近，在临皋亭东北 |
| 29. 沙湖 | 今黄冈市大别山医疗中心以南、黄州区南湖街道办事处范围 |
| 30. 螺师店 | 即沙湖 |
| 31. 黄氏家 | 沙湖(螺师店)乡村中。在今沙湖范围内 |
| 32. 快哉亭 | 在临皋亭东南、同在江边高岗之上，与承天寺相近 |
| 33. 君子泉 | 在宋城内西北角，火王庙路以东，南至安国寺，宝塔大道以西，北抵八一路的范围 |
| 34. 苏东坡乳母任氏墓 | 在今青砖湖路北端、原黄州中学(今黄州居然之家垂直森林城市综合体)高岗一带 |
| 35. 茶圃 | 苏东坡乳母任氏墓北端山坡之南 |
| 36. 栖霞楼 | 在黄州宋城的西北、州治所在，非受州官之邀约而不至，其地近君子泉 |
| 37. 涵辉楼 | 即栖霞楼 |
| 38. 乾明寺 | 乾明寺临近定惠院和柯池，离宋城门有五十步的距离 |
| 39. 赵氏园 | 赵氏园在乳母任氏坟与尚氏第、定惠院之间 |
| 40. 梅堂 | 属赵氏园内建筑。在乳母任氏坟与尚氏第、定惠院之间 |
| 41. 潘大临宅 | 潘大临一家与苏东坡为"雪堂邻里"，交往深厚。后又与张耒相交甚笃，位于定惠院南、柯山之东 |
| 42. 潘彦明宅 | 在雪堂之北，且相近 |
| 43. 牢城营 | 在潘彦明宅西北，极相近 |
| 44. 春草亭 | 在东坡雪堂至临皋亭的必经之路上，临近宋城东门外的小沟 |
| 45. 尚氏第 | 其地点与韩氏竹园相邻，在黄州宋城东门外不远，是东门至雪堂间必经之路 |
| 46. 何氏竹园 | 宋城东门外偏北 |
| 47. 何氏小圃 | 宋城东门外偏北，地近东坡雪堂 |

续表

| 遗址名称 | 位置 |
|---|---|
| 48. 韩氏竹园 | 宋城东门外偏北，与东门外小沟（城壕）相近。邻近何氏竹园、何氏小圃 |
| 49. 韩家圃 | 宋城东门外，与韩氏竹园相近 |
| 50. 古氏南坡 | 在东坡之西，其西边有隙地种桃李，地势较高，可眺江山 |
| 51. 开善院 | 位于黄州城西的长江边 |

　　本书共探讨苏东坡居黄诗文书信中直接涉及的黄州（今黄冈市区、黄州区）境内 51 处遗址遗迹，其中有同地异名如柯山与柯丘、柯池与柯氏陂、栖霞楼与涵辉楼、沙湖与螺师店；有包含关系如定惠院中有师中庵、任公亭、啸轩，赵氏园中有梅堂等。苏东坡谪黄前的横江馆、竹楼、月波楼，南宋以后记载的朝宗门、龙凤门、怀化门、向日门等均未纳入本书考证之列。

# 附录 2 苏东坡在黄州大事年表

元丰三年(1080)(43 岁)　　　　　　　　住所：定惠院、临皋亭

| 时 间 | 东坡行踪 | 主要事件 | 主要作品 |
|---|---|---|---|
| 一月二十日 | 从京师赴黄州，过麻城春风岭 | | 《梅花二首》 |
| 一月二十日 | 抵达麻城岐亭 | 遇见好友陈季常，在其家中住了5天 | 《临江仙·细马远驮双侍女》《岐亭五首》叙 |
| 一月三十日 | 夜宿团风禅智寺 | 作诗一首 | 《宿黄州禅智寺》 |
| 二月一日 | 到达黄州 | 陈轼(君式)为黄州太守 | 《到黄州谢表》《初到黄州》 |
| 二月 | 寓居定惠院 | 用行草书写定惠院二诗，凡12行，255字 | 《定惠院二诗草稿卷》，现藏故宫博物院 |
| 二月 | 定惠院 | 四川人王子辩从对岸的车湖过来拜访，邀请苏东坡过江游玩 | 《王齐万秀才寓居武昌县刘郎洑，正与伍洲相对，伍子胥奔吴所从渡江也》 |
| 二月 | 定惠院 | 初到黄州，进行自省和自我重建 | 《卜算子·黄州定惠院寓居作》 |
| 二月 | 洗心安国寺 | 结识安国寺住持继连 | 《安国寺浴》《安国寺寻春》 |
| 四月十二日 | 过长江，游鄂州西山 | 计划在鄂州买田 | 《游武昌寒溪西山寺》 |
| 五月 | 叶路洲 | 与友人游叶路洲 | 《新生洲》 |

| 时　间 | 东坡行踪 | 主要事件 | 主要作品 |
|---|---|---|---|
| 五月二十九日 | 浠水巴河口 | 迎接苏辙和家人 | 《晓至巴河口迎子由》 |
| 五月二十九日 | 迁居临皋亭 | 全家居住在江边废弃的临皋亭 | 《迁居临皋亭》 |
| 六月一日 | 苏东坡、苏辙同游赤壁 | 苏辙写下《赤壁怀古》 | |
| 六月二日 | 苏东坡、苏辙同游西山 | 苏辙写下《黄州陪子瞻游武昌西山》 | 《与子由同游武昌寒溪西山》 |
| 六月 | 临皋亭 | | 《临皋闲题》 |
| 六月 | 临皋亭 | 陈季常来黄州 | 《陈季常自岐亭见访,郡中及旧州诸豪争欲邀致之,戏作陈孟公诗一首》 |
| 七月七日 | 上朝天门 | 与王闰之、王朝云度七夕,纳王朝云为妾 | 《菩萨蛮·七夕》 |
| 七月 | 临皋亭 | 节俭度日、房梁挂钱 | 《答秦太虚书》 |
| 八月五日 | 与长子苏迈游赤壁 | | 《赤壁记》 |
| 八月十五日 | | 中秋节 | 《西江月·黄州中秋作》 |
| 十月二十四日 | | 为乳母任采莲写墓志铭 | 《乳母任氏墓志铭》 |
| 十一月 | 天庆观 | 冬至后斋居天庆观 49 天 | 《与秦太虚书》 |
| 十二月十八日 | 临皋亭 | 为蒲永升画题跋 | 《书蒲永升画后》 |

　　书信分别写给司马光、王定国、李公择、秦观、参寥子、言上人、陈慥(季常)、章惇(子厚)、朱寿昌、杜道源、范子丰、佛印、章质夫、杜孟坚、庞安常、毕仲举、赵晦之、王元直、王庆源等人。

元丰四年(44 岁)                                          住所：临皋亭

| 时 间 | 东坡行踪 | 主要事件 | 主要作品 |
|---|---|---|---|
| 一月二日 | 临皋亭 | 写信给陈季常，相约与李公择同时于上元时在黄州相会 | 《新岁展庆帖》，现藏故宫博物院 |
| 一月二十日 | 前往岐亭，过女王城，夜宿团风 | | 《正月二十日往岐亭郡人潘古郭三人送余于女王城东禅庄院》 |
| 一月二十一日 | 岐亭道上 | | 《岐亭道上见梅花戏赠季常》 |
| 三月十四日 | 定惠院 | 给杜道源写一张便笺，送去酒一壶 | 《京酒帖》，现藏台北故宫博物院 |
| 三月 | 定惠院 | 给杜道源写信，邀其一起喝茶面谈 | 《啜茶帖》，现藏台北故宫博物院 |
| 三月 | 黄州 | 宋代黄州山歌上承汉晋鸡鸣歌遗韵，下启鄂东戏曲之先河 | 《书鸡鸣歌》《书临皋亭》 |
| 三月 | | 给朱寿昌写信，请求禁止当地杀婴儿的习俗 | 《黄鄂之风》 |
| 三月 | 躬耕东坡 | 好友马正卿向太守徐君猷求得城东 50 亩废弃的军营地，苏东坡得地后自号"东坡居士" | 《东坡八首》 |
| 四月 | | 完成《易传》9 卷、《论语说》5 卷 | 《黄州上文潞公》 |
| 四月 | | 写下咏物词，空灵婉转、精妙绝伦，成为咏物词的极品 | 《水龙吟·次韵章质夫杨花词》 |
| 五月五日端午节 | | 与徐君猷同游，饮酒开怀，作词答谢 | 《少年游·端午赠黄守徐君猷》 |
| 六月二十三日 | | 陈季常来黄州 | 《杂书琴事十首》 |
| 八月十五日 | 江亭 | 与客饮酒江亭 | 《西江月·黄州中秋》 |
| 九月九日重阳节 | 涵辉楼 | 重九与徐君猷登涵辉楼 | 《南乡子·重九涵辉楼呈徐君猷》 |

续表

| 时　间 | 东坡行踪 | 主要事件 | 主要作品 |
|---|---|---|---|
| 十月九日 | 秋风亭 | 与孟震、徐君猷聚会 | 《定风波·两两轻红半晕腮》 |
| 十月 | 躬耕东坡 | 记述了东坡开垦、插秧、种麦的过程 | 《东坡八首》 |
| 十月二十二日 | | 陈季常来信，十月四日种谔领兵打败西夏军队 | 《闻捷》《闻洮西捷报》 |
| 十一月廿二日 | 临皋亭 | 为前辈陈泊诗集题写跋文 | 《吏部陈公诗跋》，现藏台北故宫博物院 |
| 十二月二日 | 临皋亭 | 陈季常来黄州 | 《浣溪沙》三首 |
| 十二月 | | 为陈希亮和陈季常父子写传记 | 《陈希亮传》《方山子传》 |
| 十二月 | | 创新了青菜和米饭同蒸的做法 | 《东坡羹颂》 |

书信分别写给宝月大师、滕达道、章质夫、朱寿昌、文彦博、杜道源、王定国、彦正、郭至孝、李方叔、李琮、郭廷评、王正夫、吴子野、陈师仲、佛印、任德翁、赵晦之、杨元素、杜孟坚、范子丰等人。

### 元丰五年(1082)(45岁)　　　　　住所：临皋亭、雪堂

| 时　间 | 东坡行踪 | 主要事件 | 主要作品 |
|---|---|---|---|
| 一月十五日 | 开始在东坡侧边修建 5 间草屋 | 在墙壁上绘满雪景，亲题"雪堂"匾额 | 《浚井》《江神子·梦中了了醉中醒》 |
| 一月二十日 | 游黄州女王城 | 与潘大临、郭兴宗寻春，踏雪寻梅 | 《正月二十日与潘郭二生出郊寻春，忽记去年是日同至女王城，作诗乃和前韵》《红梅三首》 |
| 一月 | 雪堂 | 雪堂中主客对答 | 《雪堂记》 |

续表

| 时　间 | 东坡行踪 | 主要事件 | 主要作品 |
|---|---|---|---|
| 二月 | 大冶 | 去大冶讨来茶种，种在雪堂边 | 《问大冶长老乞桃花茶栽东坡》 |
| 二月 | | 拯救溺婴 | 《黄鄂之风》《与朱鄂州书》 |
| 三月三日 | 临皋亭 | 寒食节 | 《黄州寒食诗帖》，现藏台北故宫博物院 |
| 三月七日 | 沙湖 | 到沙湖看田，遇到一场雨 | 《定风波·三月七日沙湖道中遇雨》《游沙湖》 |
| 三月 | 游浠水兰溪、清泉寺 | 目睹"溪水西流"，触发感悟，明白了一种新的生活态度和新的生活方式 | 《浣溪沙·山下兰芽短浸溪》 |
| 三月 | 浠水绿阳桥 | 醉卧绿阳桥 | 《西江月·照野弥弥浅浪》 |
| 四月 | | 写信感谢朋友送来的覆盆子 | 《覆盆子帖》，现藏台北故宫博物院 |
| 五月 | 雪堂 | 送黄州奇石 298 枚给佛印 | 《怪石供》 |
| 五月 | 雪堂 | 四川绵竹杨世昌从庐山来访，传授酿蜜酒方法 | 《蜜酒歌》 |
| 六月 | | | 《黄泥坂词》 |
| 六月二十八日 | | 三月董义夫来黄州与苏东坡会面，六月去信问候 | 《获见帖》，现藏台北故宫博物院 |
| 闰六月 | | | 《琴诗》 |
| 七月 | 游赤壁 | 写下《赤壁怀古》，透露出有志报国、壮志难酬的感慨，为用词体表达重大的社会题材开拓了新的道路，产生了重大影响 | 《念奴娇·赤壁怀古》《二红饭》 |

续表

| 时　间 | 东坡行踪 | 主要事件 | 主要作品 |
|---|---|---|---|
| 七月十六日 | 游赤壁 | 与杨世昌泛舟游赤壁,表现出的宇宙观和人生观拥有现代性、科学性,表达出随缘自适、随遇而安的超然物外的生活态度 | 《赤壁赋》 |
| 八月十五日 | | | 《念奴娇·中秋》 |
| 九月 | 雪堂 | 巢谷(元修)从四川来访,成为苏迨和苏过的家庭教师 | |
| 九月 | 雪堂 | 雪堂夜饮,醉归临皋 | 《临江仙·夜归临皋》 |
| 九月九日重阳节 | | | 《醉蓬莱·笑劳生一梦》 |
| 十月十五日 | 游赤壁 | | 《后赤壁赋》 |
| 十月 | 临皋亭 | 蔡景繁(承禧)来黄州,嘱托当地政府为苏东坡建造新的住所(南堂) | |
| 十一月十一日 | 雪堂 | 在雪堂的窗户上书写汉代枚乘《七发》,提醒自己不要贪逸享乐 | 《书四戒》 |
| 十二月十九日 | 赤壁矶头 | 苏东坡生日,置酒赤壁矶头,郭兴宗、古耕道同庆,李委献《鹤南飞》新曲助兴 | 《赤壁矶下李委吹笛》 |
| 十二月大寒 | 东坡雪堂 | 与巢谷把酒言欢 | 《大寒步至东坡赠巢三》 |
| | 东坡雪堂 | 创制东坡肉,成为中国具有广泛影响力的传统名菜 | 《猪肉颂》 |

　　书信分别写给陈慥、佛印、李昭玘、滕达道、朱寿昌、李公择、苏不危、蔡景繁、苏不疑、几宣义、李方叔、李康年、蹇授之、上官彝、毛维

瞻、赵晦之、杜孟坚、杜道源、章惇等人。

元丰六年(46 岁)　　　　　住所：临皋亭、雪堂、南堂

| 时　间 | 东坡行踪 | 主要事件 | 主要作品 |
|---|---|---|---|
| 一月二十日 | | 出黄州城东门春游 | 《六年正月二十日复出东门，仍用前韵》 |
| 一月 | | | 《日日出东门》 |
| 二月 | 蕲春天峰麓采茶 | 送周安孺团黄茶 | 《寄周安孺茶》 |
| 二月 | 黄梅五祖寺 | 五祖寺题"流响"二字 | 《五祖山长老真赞》 |
| 四月 | 安国寺 | 改竹间亭为遗爱亭 | 《遗爱亭记》 |
| 五月 | 南堂 | 临皋亭旁的房屋建成，取名南堂 | 《南堂五首》 |
| 五月 | | 为王长官写下《满庭芳词》 | 《满庭芳》凡 10 行，计 96 字，今不知藏所 |
| 六月二十日 | | 巢谷回四川 | 《元修菜》《东坡》 |
| 闰六月 | 快哉亭 | 张怀民谪居黄州，在城西南修亭，苏东坡取名为快哉亭 | 《水调歌头·黄州快哉亭赠张偓佺》《东坡》 |
| 七月 | | 长子苏迈接到江西德兴县尉的任命 | 《儿子帖》 |
| 八月十九日 | | 给知光州的曹演甫写信，表达了招待不周之意 | 《职事帖》，现藏台北故宫博物院 |
| 八月二十三日 | | | 《漱茶说》 |
| 八月二十七日 | | | 《节饮食说》《养生难去欲》 |
| 八月 | | | 《煮鱼说》 |
| 八月 | | | 《鹧鸪天·林断山明竹隐墙》 |

续表

| 时　间 | 东坡行踪 | 主要事件 | 主要作品 |
|---|---|---|---|
| 九月九日重阳节 | 栖霞楼 | 重阳登高 | 《西江月·重阳栖霞楼作》 |
| 九月 | 南堂 | 写信给陈慥,黄居寀的画被曹光州借去临摹了 | 《一夜帖》,现藏台北故宫博物院 |
| 十月 | | 黄州爆发瘟疫,违背誓言,公布秘方救人 | 《圣散子叙》 |
| 十月十二日 | 承天寺 | 与张怀民夜游,写下 85 字小品,成为散文的代表作之一 | 《记承天寺夜游》 |
| 十月二十四日 | | 为傅钦之书写《赤壁赋》 | 《赤壁赋卷》,现藏台北故宫博物院 |
| 十一月七日 | | 写文章赞扬孟震的君子品德 | 《孟仰之》 |
| 十一月九日 | 君子泉 | | 《书子由君子泉铭》 |
| 十二月八日 | | | 《南歌子·黄州腊八日饮怀民小阁》 |
| 十二月十九日 | | 苏东坡生日 | 《生日,王郎以诗见庆,次其韵,并寄茶二十一片》 |

书信分别写给巢谷、徐得之、郭澄江、苏辙、滕达道、蔡景繁、蹇授之、杨元素、张天觉、沈睿达、吴君采、李公择、范子丰、张安道、李端叔、苏子平、范蜀公、王定国、钱世雄、孟亨之、胡道师、程彝仲等人。

元丰七年(47 岁)　　　　　　住所:临皋亭、雪堂、南堂

| 时　间 | 东坡行踪 | 主要事件 | 主要作品 |
|---|---|---|---|
| 一月二十五日 | | 任命苏东坡为汝州团练副使 | 《次韵曹九章见赠》 |

续表

| 时 间 | 东坡行踪 | 主要事件 | 主要作品 |
|---|---|---|---|
| 二月一日至三月三日 | 雪堂、柯池、乾明寺、乳母任氏坟、茶圃、何氏园、韩氏竹园、梅堂、尚氏第、定惠僧舍、任公亭、师中庵 | 与参寥子、徐得之等同游，记录了黄州的酒和东坡饼 | 《师中庵题名》《记游定惠院》《为甚酥》 |
| 三月九日 | | 曾经近 100 次过长江，与王文甫、王子辩兄弟会面 | 《赠别王文甫》 |
| 四月一日 | 雪堂 | | 《满庭芳·归去来兮》 |
| 四月六日 | | 应安国寺继连请求作记 | 《黄州安国寺记》 |
| 四月七日 | | 陈季常来送行 | 《别黄州》 |
| 四月七日 | | 渡江到西山 | 《过江夜行武昌山下，闻黄州鼓角》 |

书信分别写给司马光、蔡景繁、滕达道、苏子容、何圣可、圆通禅师、江惇礼、赵仲修、石幼安、徐十二、贾耘老、王文甫、王庆源等人。

# 参 考 文 献

1. 孔凡礼. 苏轼诗集[M]. 北京：中华书局, 1982.

2. 孔凡礼. 苏轼文集[M]. 北京：中华书局, 2020.

3. 孔凡礼. 三苏年谱[M]. 北京：北京古籍出版社, 2004.

4. 陈宏天, 高秀芳. 苏辙集[M]. 北京：中华书局, 2017.

5. (唐)李泰. 括地志辑校[M]. 北京：中华书局, 1980.

6. (唐)杜佑. 通典[M]. 北京：中华书局, 1988.

7. (唐)李吉甫. 元和郡县图志[M]. 贺次君, 校. 中华书局, 2008.

8. (宋)乐史. 太平寰宇记[M]. 北京：中华书局, 2014.

9. (宋)王禹偁. 宋王黄州小畜集[M]. 桂林：广西师范大学出版社, 2023.

10. 李逸安. 张耒集[M]. 北京：中华书局, 1990.

11. (宋)陆游. 入蜀记[M]. 上海：上海远东出版社, 1996.

12. (宋)欧阳忞·舆地广记[M]. 成都：四川大学出版社, 2003.

13. (宋)李攸. 宋朝事实[M]. 北京：中华书局, 1985.

14. (宋)李焘. 续资治通鉴长编[M]. 北京：中华书局, 1985.

15. (宋)祝穆. 宋本方舆胜览[M]. 上海：上海古籍出版社, 1991.

16. (宋)王象之. 舆地纪胜[M]. 北京：中华书局, 2012.

17. (元)脱脱. 宋史[M]. 北京：中华书局, 1985.

18. (元)刘应李. 大元混一方舆胜览[M]. 成都：四川大学出版社, 2003.

19. (清)徐松. 宋会要辑稿[M]. 北京：中华书局, 1957.

20. (清)顾祖禹. 读史方舆纪要[M]. 施和金, 贺次君校. 北京：中华书局，2005.

21. 二十五史·宋史(百纳本)[M]. 浙江古籍出版社，1998.

22. 王先谦. 合校水经注[M]. 北京：中华书局，2009.

23. 黄冈市地方志办公室. 黄州府志(点校本)[M]. 武汉：武汉大学出版社，2017.

24. 黄冈市地方志编委会. 黄冈市志[M]. 武汉：崇文书局，2004.

25. 《黄冈县志》编委会. 黄冈县志[M]. 武汉：武汉大学出版社，1990.

26. 《黄州区志》编委会. 黄州区志[M]. 武汉：武汉大学出版社，2015.

27. 黄州区政协文史资料委员会. 黄州文化简史[M]. 武汉：湖北人民出版社，2021.

28. 丁永淮，梅大圣，张社教. 苏轼黄州作品全编[M]. 武汉：武汉出版社，2010.

29. 吴晓松. 蕲春罗州城——2001年考古发掘报告[M]. 北京：科学出版社，2001.

30. 陈凌. 宋代州县衙署建筑空间与社会秩序[M]. 北京：中国建筑工业出版社，2022.

31. 袁琳. 宋代城市形态和官署建筑制度研究[M]. 北京：中国建筑工业出版社，2013.

32. 张玲. 宋代城市铺户研究[M]. 太原：三晋出版社，2015.

33. 包伟民. 宋代城市研究[M]. 北京：中华书局，2014.

34. 鲁西奇. 城墙内外：古代汉水流域城市的形态与空间结构[M]. 北京：中华书局，2011.

35. 曲英杰. 长江古城址[M]. 武汉：湖北教育出版社，2004.

36. 黄冈市黄州区民政局. 黄州区地名志[M]. 武汉：武汉出版社，2022.

37. 饶学刚. 苏东坡在黄州[M]. 北京：京华出版社，1999.

38. 汪金元. 千古东坡：苏东坡纪念馆陈展纪实[M]. 武汉：湖北教育出版社，2010.

39. 陈继平，饶水龙，史智鹏. 黄州城历史文化遗产调查[M]. 武汉：湖北人民出版社，2019.

40. 陈志平，方星移. 东坡文化概论——以黄州为中心[M]. 长沙：湖南师范大学出版社，2022.

41. 史智鹏，朱伯儒，董志伟. 黄州邾城史话[M]. 武汉：长江出版社，2014.

42. 李林. 苏东坡在黄州[M]. 武汉：武汉大学出版社，2023.

43. 朱俊英，陈国祥，等. 湖北黄州宋城遗址考古调查报告[J]. 江汉考古，2012(4).

44. 黄冈地区博物馆. 湖北黄冈巴水流域部分古文化遗址[J]. 考古，1995(10).

45. 周刚. 黄州东坡遗址及北宋东坡时期黄州城风貌考论：在地图上找到黄州宋城及东坡遗址[J]. 黄冈师范学院学报，2011(4).

46. 梁敢雄. 苏轼乳母任氏墓址考[J]. 黄冈职业技术学院学报，2017(6).

47. 魏建中. 从宋代士大夫禅学看宋代佛教的社会化发展[J]. 经济与社会发展，2009(1).

48. 郁玉英，王兆鹏. 宋词第一名篇《念奴娇·赤壁怀古》经典化探析[J]. 齐鲁学刊，2009(6).

49. 贺全斋. 邾城考辨[J]. 黄冈文史资料，2004(7).

50. 朱俊英，刘焰，等. 湖北黄州禹王城考古发掘成果丰硕——明确城址结构布局，确定始建、修补和废弃年代，判定城址性质[N]. 中国文物报，2017-06-16.

51. 熊星宇. 宋代黄州谪官研究[D]. 华中师范大学，2011.

52. 贺治民. 黄冈城市空间营造研究[D]. 武汉大学，2014.

# 后　记

当这本书稿画上最后一个句号，我们的心中感慨万千。回顾这段对东坡遗址考证的历程，犹如一场穿越时空的奇妙探险。

黄州东坡遗址，那片承载着历史与神秘的土地，从最初的不为人知到如今逐渐揭开它神秘的面纱，每一步都凝聚着无数的心血与努力。

在考证的过程中，我们遭遇了诸多困难与挑战。考古与文献资料的匮乏常常让我们陷入困境，不知茫茫大海中那一根救命的稻草在哪里。然而，对历史真相的执着追求，如同黑暗中的一盏明灯，指引着我们不断前行。我们通过各种渠道搜寻着每一个可能与东坡遗址相关的线索；与众多专家学者交流探讨，从不同的角度去审视和解读这些遗址。

每一次新的发现都让我们兴奋不已，仿佛在历史的长河中捡到了一颗璀璨的明珠。那些不同版本的古籍、各历史时期纪念性建筑的记录、博物馆和收藏者珍藏的文物、仍然存世可见的残垣断壁、流传于民间的传说，都成为我们打开东坡遗址遗迹历史大门的钥匙。我们小心翼翼地拼接着这些碎片，试图还原出一个真实而完整的东坡遗址。

这本书的完成，离不开众多人的支持与帮助。感谢那些无私奉献自己时间和精力的考古工作者们，他们用自己的双手和智慧，为我们揭示了东坡遗址的神秘面纱。感谢各位专家学者的多年成果、悉心指导和宝贵建议，让我们的考证工作更加科学、严谨。同时，也感谢每一位关注东坡遗址的读者，你们的期待和鼓励是我们前行的动力。

东坡遗址的考证工作还远未结束，这本书只是一个新的起点。我们期待着更多的人加入这个行列，共同探索这片古老土地的奥秘，为历史文化传承贡献自己的力量。

在未来的日子里，我们将继续前行，带着对历史的敬畏和对真相的执着，去追寻那逝去的岁月，让东坡遗址的光芒在历史的天空中更加璀璨夺目。

**董志伟　邬扬路**

甲辰仲春于黄州定惠院西斋